Peter Boge

Esotérisme Algorithmique Quantique

Esotérisme Algorithmique Quantiques

Décoder les forces invisibles qui dirigent les flux financiers mondiaux

Peter Boge

Ouvrage documentaire

Mentions légales

Informations bibliographiques de la Bibliothèque nationale allemande : la Bibliothèque nationale allemande répertorie cette publication dans la Bibliographie nationale allemande ; les données bibliographiques détaillées sont disponibles sur Internet à l'adresse http://dnb.dnb.de.

Verlag: BoD · Books on Demand GmbH, Überseering 33, 22297 Hamburg, bod@bod.de

Patreon : https://www.patreon.com/cw/authorpeterboge
Substack : https://substack.com/@peterboge
Site web de l'auteur : https://peter.boge.com.gt/author/

Druck: Libri Plureos GmbH, Friedensallee 273, 22763 Hamburg
ISBN: 978-3-6963-6961-3

TABLE DES MATIÈRES

PROLOGUE – LES FORCES INVISIBLES

Décoder l'ésotérisme algorithmique

Des prêtres des temples de Mésopotamie aux algorithmes quantiques des marchés financiers

« Les forces les plus puissantes d'une époque sont souvent celles que presque personne ne voit. »

Le bruit de l'invisibilité

Il n'y a pas de tintement de cloche pour annoncer le début d'un monde nouveau.
Pas de fanfares.
Pas de révolution dans les rues.

Les plus grands bouleversements de l'histoire se produisent généralement en silence.
L'Empire romain ne s'est pas effondré en un seul jour.
Le système féodal n'a pas disparu du jour au lendemain.
La révolution industrielle n'a pas commencé par une déclaration officielle.
Et la révolution numérique n'a pas non plus été proclamée.
Elle est simplement arrivée.
Pendant que la plupart des gens continuaient à vivre leur quotidien.

Aujourd’hui, nous vivons une nouvelle transition de ce type.
Mais cette fois, elle ne touche pas seulement nos outils.
Elle touche la structure même de la réalité.

La nouvelle invisibilité

L’être humain moderne vit dans un monde façonné par des décisions qu’il ne voit jamais.

Quand un billet d’avion devient soudainement plus cher.
Quand un crédit est accordé ou refusé.
Quand une action monte.
Quand une publication apparaît sur un réseau social.
Quand des milliards de capitaux quittent un continent.

Derrière ces événements, il y a de moins en moins souvent un être humain.
Entre la cause et l’effet se trouve aujourd’hui de plus en plus souvent un algorithme.
Pas comme un outil.
Mais comme une instance de décision indépendante.

C’est cela la véritable révolution de notre temps.
Pas la numérisation.
Pas Internet.
Pas l’intelligence artificielle.
Mais le déplacement du pouvoir de décision.

Du pouvoir visible au pouvoir invisible

Historiquement, le pouvoir était reconnaissable.
Le roi portait une couronne.
Le général commandait une armée.
Le prêtre parlait devant une assemblée.
Le propriétaire d'usine possédait ses machines.

Le pouvoir avait un visage.
On pouvait le voir.
On pouvait le combattre.
On pouvait le renverser.

Mais le pouvoir du XXIe siècle n'a souvent plus de corps.
Il existe en tant que :

- modèle mathématique
- fonction d'optimisation
- réseau de neurones
- algorithme de trading
- infrastructure de données

Le nouveau pouvoir n'est pas caché parce qu'il est secret.
Il est caché parce qu'il est devenu trop complexe.

La naissance de l'ésotérisme algorithmique

Le mot « ésotérisme » vient du grec.
À l'origine, il désignait la connaissance réservée à un cercle restreint.
Une connaissance qui n'était pas destinée à tous.

La société moderne se considère comme l'opposé.
Nous croyons en :

- •la transparence
- •la science
- •la publicité
- •les Lumières

Mais paradoxalement, ce développement même crée de nouvelles formes d'ésotérisme.
Non par le secret.
Mais par la complexité.

La plupart des gens ne comprennent pas :

- •la création monétaire
- •les produits dérivés
- •le trading haute fréquence
- •les réseaux de neurones
- •la cryptographie
- •l'informatique quantique

Non parce que ces systèmes sont secrets.
Mais parce que leur complexité dépasse les limites de l'intuition humaine.
Ainsi naît une nouvelle forme de connaissance cachée.
Un ésotérisme algorithmique.

Les marchés financiers comme avant-garde du futur

Nulle part ce développement n'est plus évident que sur les marchés financiers mondiaux.

Les marchés financiers ont toujours été des laboratoires du pouvoir.
Des innovations y ont été testées bien avant d'atteindre la société :

- la comptabilité en partie double
- les assurances
- les banques centrales
- la communication mondiale
- l'informatisation

Aujourd'hui, les marchés redeviennent un terrain d'expérimentation.
Cette fois pour les machines.
Déjà maintenant, une part considérable du volume des transactions n'est plus déclenchée par des humains.
Mais par des systèmes.

Ces systèmes analysent :

- les flux d'informations
- les données satellitaires
- les données météorologiques
- les chaînes d'approvisionnement
- les médias sociaux
- les événements géopolitiques

et réagissent dans des délais que la perception humaine ne peut plus saisir.
L'humain observe.
La machine agit.

Le passage de la pensée au calcul

C'est là que se situe la véritable césure.
Les générations précédentes partaient du principe que les décisions naissent de la pensée.
Un humain analyse.
Un humain juge.
Un humain décide.

Mais les systèmes modernes suivent une autre logique.
Ils ne comprennent pas.
Ils calculent.
Et pourtant, ils obtiennent souvent de meilleurs résultats.

Cela remet en cause l'une des hypothèses les plus profondes de la modernité :
L'idée que la compréhension est un prérequis à l'action.
Les machines agissent avec succès sans comprendre.
Les humains comprennent souvent sans agir avec succès.
Entre les deux, un écart de pouvoir croissant apparaît.

Le paradigme quantique

La prochaine étape du développement pourrait déjà se profiler.
Le terme « trading quantique » est souvent mal compris.
Il ne s'agit pas principalement d'ordinateurs exotiques.
Il s'agit d'une nouvelle façon de penser.

Le monde classique demande :
Quelle est la bonne solution ?
Le monde quantique demande :
Quelles possibilités existent simultanément ?

Pendant que les systèmes traditionnels cherchent des réponses, les systèmes quantiques explorent des paysages entiers de futurs possibles.
L'importance de ce changement ne saurait être surestimée.
Car celui qui peut analyser plusieurs futurs possibles à la fois obtient un avantage sur celui qui ne considère qu'un seul futur.
Le pouvoir devient ainsi la capacité de maîtriser des espaces de probabilité.

La nouvelle aristocratie

Chaque époque produit ses élites.
Au Moyen Âge, c'était la noblesse.
À l'ère industrielle, les propriétaires d'usines.
À l'ère financière, les banquiers.

À l'ère algorithmique, de nouveaux centres de pouvoir émergent.
Pas nécessairement visibles.
Pas nécessairement légitimés démocratiquement.
Mais d'une portée énorme.

La ressource décisive est désormais :
La prédiction.

Qui peut prédire le comportement –

•des marchés,
•des consommateurs,
•des électeurs,
•des États –

gagne un pouvoir structurel.
Non par la coercition.
Mais par l'anticipation.

La nouvelle métaphysique financière

À ce stade, la technologie touche la philosophie.
Car les marchés modernes développent des propriétés autrefois attribuées aux systèmes religieux.
Ils apparaissent :

•omniprésents
•invisibles
•complexes
•impersonnels

Ils récompensent et punissent. Ils créent richesse et crises. Ils influencent des milliards d'êtres humains.
Mais personne ne les contrôle complètement.

Cela rappelle une ancienne expérience humaine :
La rencontre avec des forces qui semblent plus grandes que l'individu.
Autrefois, on les appelait des dieux. Aujourd'hui, on les

appelle les marchés.
Demain, peut-être les algorithmes.

La véritable question

Ce livre ne parle pas d'ordinateurs.
Ne parle pas d'intelligence artificielle. Pas même principalement des marchés financiers.
Il parle du pouvoir.
De la plus ancienne question de la civilisation :
Qui décide ?

Et d'une question nouvelle :
Que se passe-t-il quand ceux qui décident ne sont plus des humains ?

Peut-être ne vivons-nous pas une révolution technologique.
Peut-être assistons-nous à l'émergence d'une nouvelle forme de domination.
Non par la violence.
Non par l'idéologie.
Non par la religion.
Mais par le calcul.

Le regard derrière le rideau

Les chapitres suivants sont un voyage.
Des temples de Mésopotamie aux centres de données du présent.

Des prêtres de l'Antiquité aux architectes de l'intelligence artificielle.
Des premiers comptables aux développeurs de modèles inspirés du quantique.

C'est l'histoire d'une recherche continue de prévisibilité.
De contrôle.
D'ordre.
Et donc l'histoire du pouvoir lui-même.

Car la véritable question n'est pas :
Les algorithmes peuvent-ils changer le monde ?
Mais :
Ont-ils déjà commencé à le faire – pendant que nous essayons encore de comprendre ce qui se passe ?

La réponse à cette question déterminera peut-être la forme politique, économique et culturelle du XXIe siècle.

Et c'est précisément là que commence notre enquête.

PARTIE I – LA NAISSANCE DE L'INVISIBILITÉ

Chapitre 1 – L'invention de l'ordre caché

Comment le pouvoir est né de l'information

« La première grande révolution de l'humanité ne fut pas l'agriculture. Ce fut l'administration de l'agriculture. »

L'erreur du pouvoir visible

Quand les gens pensent aux origines du pouvoir, ils imaginent souvent des armes.
Ils pensent à :

- des rois
- des armées
- des conquêtes
- des murailles
- des palais

Mais cette conception est insuffisante. La violence peut instaurer une domination, mais elle ne peut pas l'organiser durablement.
Aucun roi ne peut surveiller chaque paysan. Aucune armée ne peut contrôler chaque récolte. Aucun souverain ne peut prendre personnellement des millions de décisions chaque jour.

La véritable base de toute société complexe n'a donc jamais été la seule violence.
C'était l'information.

L'histoire du pouvoir ne commence pas par l'épée.
Elle commence par la liste.

Le moment où les nombres sont devenus plus importants que les muscles

Il y a environ dix mille ans, l'histoire humaine a fondamentalement changé.
Les chasseurs-cueilleurs se sont sédentarisés.
L'agriculture est née.
Avec l'agriculture est venu un nouveau problème.

Soudain, les gens avaient besoin de savoir :

- À qui appartient quel champ ?
- Qui doit quoi à qui ?
- Quelle est la taille des réserves ?
- Combien d'animaux possède une famille ?
- Combien de travailleurs sont nécessaires ?

La nature n'était plus le plus grand problème.
La complexité est devenue le problème.

Avec chaque personne supplémentaire, la quantité d'informations augmentait de façon exponentielle.
Un nouveau besoin est apparu :
L'administration.

Et c’est précisément là que commence l’histoire du pouvoir invisible.

La Mésopotamie : la naissance du gouvernement par l’information

Les premières villes de Mésopotamie n’étaient pas seulement des centres religieux.
C’étaient des centres de données.

Les temples d’Uruk, d’Eridu ou de Lagash fonctionnaient comme :

- des entrepôts
- des centres administratifs
- des archives
- des autorités fiscales
- des bureaux de planification économique

Dans les manuels scolaires, le temple apparaît souvent comme un lieu religieux.
En réalité, il fut la première grande administration de l’histoire humaine.

Le prêtre n’était pas seulement un médiateur entre les hommes et les dieux.
Il était :

- comptable
- logisticien
- gestionnaire économique
- administrateur de données

Le temple organisait la société.
La religion était souvent la couche de légitimation au-dessus d'un appareil administratif plus profond.

L'invention de l'écriture ne fut pas une révolution littéraire

L'un des plus grands malentendus de l'histoire concerne l'écriture.
Beaucoup de gens croient :
L'écriture est née pour les histoires.
Pour la poésie.
Pour la philosophie.

L'archéologie montre autre chose.
Les plus anciens caractères écrits servaient principalement à la comptabilité.
Le grain.
Les chèvres.
Les heures de travail.
Les impôts.
Les livraisons.

Les premiers scribes ne consignaient pas des mythes.
Ils consignaient des inventaires.

L'écriture n'est pas née du désir d'expression.
Mais du besoin de contrôle.

Avant que les hommes ne gèrent des idées, ils géraient des provisions.

La première boîte noire

Pour le paysan ordinaire, les mécanismes administratifs du temple étaient difficilement compréhensibles.
Il savait :

- Il livre du grain.
- Le temple distribue les ressources.
- Des décisions sont prises.

Mais la logique complète du système restait cachée.
Seules quelques personnes comprenaient :

- les registres
- les calculs
- la planification des stocks
- les clés de répartition

Ici naît quelque chose qui existe encore aujourd'hui :
La boîte noire.

Un système dont les résultats sont visibles, mais dont le fonctionnement interne n'est accessible qu'à une petite élite.
La société moderne pense que les boîtes noires sont un produit de l'ère informatique.
En vérité, elles accompagnent la civilisation depuis ses débuts.

La naissance de la classe experte

Avec la complexité est apparu un nouveau groupe social.
Ni les plus forts.
Ni les plus riches.
Mais ceux qui maîtrisaient l'information.

Les scribes de Mésopotamie nécessitaient souvent des années de formation.
Ils apprenaient :

- les signes
- les calculs
- les procédures administratives

La majorité de la population restait analphabète.
Ainsi est apparu un fossé informationnel.
Ce fossé s'est transformé en pouvoir.

Les scribes sont devenus les premières élites du savoir de l'histoire.
Ils furent les ancêtres :

- des bureaucrates modernes
- des économistes
- des statisticiens
- des programmeurs
- des data scientists

Les outils ont changé.
La fonction est restée la même.

Pourquoi les humains acceptent des systèmes invisibles

Nous rencontrons ici l'une des questions les plus importantes de ce livre.
Pourquoi les gens acceptent-ils des systèmes qu'ils ne comprennent pas ?

La réponse est étonnamment simple.
Parce que ces systèmes fonctionnent.

Le paysan n'avait pas besoin de comprendre comment calculait le temple.
Il avait seulement besoin de constater que :

- les provisions étaient disponibles
- l'irrigation fonctionnait
- le commerce était organisé

La légitimité naissait des résultats.
Pas de la transparence.

Ce principe a accompagné l'humanité jusqu'à aujourd'hui.
Peu de gens comprennent :

- les banques centrales
- les marchés financiers mondiaux
- la production de semi-conducteurs
- les réseaux de neurones

Néanmoins, nous acceptons leur existence.
Parce qu'ils produisent des résultats.

Le monde moderne repose sur la confiance en des systèmes que nous ne pouvons pas comprendre entièrement.

Le contrat invisible de la civilisation

Toute société complexe repose sur un échange tacite.
La majorité renonce à une compréhension complète.
Une minorité assume l'administration et l'organisation.

En échange, elle promet :

- l'ordre
- la stabilité
- la prospérité

Ce contrat a été le fondement :

- des empires antiques
- des États médiévaux
- des démocraties modernes

Mais il contient un risque.
Plus l'asymétrie d'information est grande, plus le pouvoir des administrateurs est grand.
À un moment donné, la société ne comprend plus comment fonctionnent les systèmes qui la soutiennent.
Alors la dépendance apparaît.

De l’administration du temple à l’algorithme

À première vue, des mondes semblent séparer un prêtre mésopotamien d’un développeur d’intelligence artificielle.
Pourtant, structurellement, les deux remplissent le même rôle.

Tous deux gèrent la complexité.
Tous deux traduisent la réalité en symboles abstraits.
Tous deux prennent des décisions sur la base d’informations que d’autres ne comprennent pas entièrement.

La différence ne réside que dans le support.
Le prêtre travaillait avec des tablettes d’argile.
Le développeur travaille avec des bases de données.
Le temple gérait le grain.
L’algorithme gère le capital.

La logique reste étonnamment similaire.

La véritable invention

La plus grande invention de la Mésopotamie ne fut ni l’écriture ni la ville.
Ce fut la prise de conscience que les sociétés peuvent être organisées par des structures d’information.

Cette découverte a changé l’histoire humaine plus profondément que beaucoup de guerres ou de dynasties.

Parce qu'à partir de ce moment, le pouvoir est devenu de plus en plus invisible.
Il a migré :
du muscle vers l'information,
du guerrier vers l'administrateur,
du souverain visible vers le système invisible.

L'histoire de la civilisation n'est donc pas seulement l'histoire des rois et des empires.
C'est l'histoire de ces ordres cachés qui déterminent qui sait, qui décide et qui obéit.

Chapitre 2 – Les prêtres des nombres

Comment les mathématiques sont devenues le langage invisible du pouvoir

« Celui qui maîtrise les nombres, maîtrise les modèles.
Celui qui maîtrise les modèles, maîtrise les décisions.
Celui qui maîtrise les décisions, maîtrise le monde. »

La deuxième révolution du pouvoir

Dans le chapitre précédent, nous avons vu comment les premières hautes cultures ont produit une nouvelle forme de domination : la domination par l'information.
Mais l'information seule ne crée pas l'ordre.
Les listes, les registres d'inventaire et les registres

fiscaux peuvent collecter des données, mais ils n'expliquent pas le monde.

Avec la croissance des premières civilisations, un nouveau besoin est apparu :
Non seulement savoir ce qui est.
Mais reconnaître pourquoi cela arrive.

Ici commence la deuxième grande révolution du pouvoir.
La naissance des mathématiques comme langage universel de la réalité.

La découverte des motifs cachés

Pour les peuples de l'Antiquité, le monde était plein de coïncidences apparentes.

- Les saisons changeaient.
- Les fleuves sortaient de leur lit.
- Les étoiles vagabondaient dans le ciel.
- Les récoltes réussissaient ou échouaient.

Mais à un moment donné, certains observateurs reconnurent quelque chose d'étonnant :
Derrière le chaos se cachaient des régularités.

Le soleil apparaissait selon des cycles fixes.
La lune suivait des phases récurrentes.
Les planètes se déplaçaient selon des schémas.

Le monde n'était pas complètement chaotique.
Il était ordonné.
Et cet ordre pouvait être décrit.
Avec des nombres.

La naissance de l'élite mathématique

Ainsi naquit une nouvelle forme de connaissance.
Pendant que les prêtres de Mésopotamie géraient les provisions, d'autres commencèrent à étudier la structure même de la réalité.

Les premiers astronomes n'étaient pas des scientifiques au sens moderne.
Ils étaient des technologues du pouvoir.

Celui qui contrôlait le calendrier contrôlait :

- les semailles
- la moisson
- les fêtes religieuses
- les échéances fiscales

La capacité de prédire les mouvements célestes conférait une autorité.
Non parce qu'elle était magique.
Mais parce qu'elle fonctionnait.

La prédiction devint la première forme de pouvoir scientifique.

Pythagore et le mysticisme du nombre

Cela devient particulièrement évident avec le penseur grec Pythagore.
Aujourd'hui, on se souvient de lui pour un théorème géométrique.
Pourtant, son école était bien plus qu'une académie mathématique.
C'était une doctrine secrète.

Pour Pythagore, les nombres n'étaient pas des outils.
Ils étaient la substance cachée de l'univers.

Les pythagoriciens croyaient :
Tout est nombre.
La musique.
La géométrie.
L'astronomie.
La politique.
Même l'âme.

Derrière tous les phénomènes, ils soupçonnaient des rapports mathématiques.
Cette idée peut sembler exotique aujourd'hui.
En vérité, elle constitue le fondement de la science moderne.
Et en fin de compte, aussi des marchés financiers modernes.

Le pouvoir de la prédiction

Les souverains de l'Antiquité comprirent rapidement la valeur de la connaissance mathématique.
Un général capable de calculer les mouvements de troupes disposait d'avantages.
Un bâtisseur qui comprenait la statique pouvait ériger des monuments.
Un administrateur capable de prévoir les rendements augmentait les recettes fiscales.

Les mathématiques devinrent ainsi une technologie du futur.
Elles permirent pour la première fois :

- la planification
- la simulation
- la prévision

Ce sont les mêmes fonctions que remplissent aujourd'hui les algorithmes modernes.
Les outils ont changé.
La logique, non.

Les nombres comme nouvelle autorité

Un changement profond s'est opéré.
Autrefois, le pouvoir était légitimé par :

- la lignée
- la religion
- la tradition

Avec la diffusion de la pensée mathématique, une nouvelle source d'autorité est apparue :
Le calcul.

Ce n'est plus seulement le roi qui avait raison.
Mais de plus en plus celui dont le modèle pouvait le mieux décrire la réalité.

Là réside l'une des racines des technocraties modernes.
La légitimation se déplace :
de la vérité divine
vers la précision mathématique.

L'invention de la probabilité

Jusqu'au Moyen Âge, les mathématiques restaient principalement la science du mesurable.
Puis quelque chose de révolutionnaire se produisit.
Les gens commencèrent à calculer le hasard lui-même.

À partir des jeux de hasard, la théorie des probabilités se développa.
Les travaux de penseurs comme Blaise Pascal et Pierre de Fermat aboutirent à une idée qui allait changer le monde moderne :
Même l'incertitude a une structure.
Le hasard n'est pas l'absence d'ordre.
Il obéit à des lois statistiques.

Cette découverte changea tout.
Les assurances.

Les marchés financiers.
Les économies.
Les prévisions démographiques.
Les stratégies militaires.

Les États modernes devinrent de plus en plus des machines d'administration de la probabilité.

La mesure de la société

Aux XVIIIe et XIXe siècles, une autre révolution émergea.
Les gouvernements commencèrent à compter systématiquement leur population.
Naissances.
Décès.
Impôts.
Professions.
Maladies.

Pour la première fois, la société elle-même devint un objet mathématique.
C'est là que naît la statistique.
Le terme dérive de l'État (du latin *status*).
À l'origine, la statistique signifiait :
connaissance sur l'État.

La population devint un paysage de données.
Les gens devinrent des variables.
La société devint calculable.

La naissance de l'oracle moderne

Les cultures anciennes consultaient des oracles.
Les sociétés modernes consultent des modèles.
La différence semble énorme.
Pourtant, structurellement, les parallèles sont remarquables.

Les deux promettent :

- orientation
- prévision
- aide à la décision

Quand aujourd'hui les banques centrales publient des prévisions, quand les économistes créent des modèles de croissance ou que les systèmes de risque évaluent les marchés financiers, il se passe quelque chose de similaire à ce qui se passait dans les sanctuaires antiques :
L'avenir est traduit dans un langage que seuls les spécialistes comprennent pleinement.
La différence ne réside pas dans la fonction.
Mais dans la méthodologie.

La religion invisible de la modernité

Le monde moderne se considère comme laïque.
Pourtant, il possède ses propres systèmes de croyance.
L'un d'eux est la croyance au nombre.

Nous faisons souvent plus confiance aux nombres qu'aux personnes.
Quand un expert dit :
« Je crois que... »
nous restons sceptiques.
Quand il dit :
« Les données montrent que... »
nous avons tendance à lui faire plus confiance.

Les nombres créent une aura d'objectivité.
Mais ils sont toujours sélectionnés, interprétés et modélisés par des humains.
Le nombre paraît neutre.
Son application ne l'est jamais.

Des mathématiques à l'algorithme

Le développement des mathématiques conduisit finalement à une conséquence radicale.
Si le monde est mathématiquement descriptible,
et si les machines peuvent effectuer des opérations mathématiques plus vite que les humains,
alors les machines peuvent prendre certaines décisions mieux que leurs créateurs.

Ici commence la ligne directe avec les thèmes de ce livre.
Car les algorithmes ne sont pas des êtres étrangers.
Ils sont la dernière incarnation d'une idée ancienne :

L'espoir que l'ordre puisse être obtenu à partir du calcul.
De l'astronome babylonien au mystique pythagoricien

jusqu'au développeur d'intelligence artificielle, un fil commun se dessine :
Derrière le monde visible existent des motifs.
Celui qui reconnaît ces motifs gagne du pouvoir.

La naissance du nouveau sacerdoce

Au XXIe siècle, nous assistons au retour d'une figure ancienne.
Plus dans le temple.
Plus dans un observatoire.
Plus dans une administration royale.
Mais dans les centres de données, les laboratoires de recherche et les institutions financières.

Les nouveaux prêtres ne portent pas de robes.
Leurs outils sont :

- des modèles
- des algorithmes
- des ensembles de données
- des réseaux de neurones

Cependant, leur fonction sociale ressemble à celle de leurs prédécesseurs historiques.
Ils interprètent une réalité devenue trop complexe pour la plupart des gens.
Ils traduisent le chaos en prédictions.
Et ils façonnent des décisions qui influencent la vie de millions de personnes.

Chapitre 3 – La naissance de l'alchimie financière

Comment les nombres sont devenus argent, l'argent pouvoir, et le pouvoir un système invisible

« L'alchimiste voulait transformer le plomb en or. Le banquier découvrit quelque chose de bien plus puissant : la capacité de transformer les promesses en richesse. »

La grande transformation

L'histoire de la civilisation connaît de nombreuses révolutions.
L'agriculture a transformé la nature en rendement.
L'écriture a transformé la mémoire en information.
Les mathématiques ont transformé l'observation en calcul.

Mais à un moment donné, une innovation encore plus profonde est apparue.
La découverte que des valeurs peuvent exister sans être matériellement présentes.

Ce moment marque la naissance de ce que nous appelons aujourd'hui le système financier.
Et en même temps, la naissance d'une nouvelle forme de pouvoir invisible.

L’énigme de l’argent

Presque tout le monde utilise l’argent.
Peu comprennent ce qu’il est réellement.

La plupart imaginent l’argent comme quelque chose de concret :

- des pièces
- de l’or
- de l’argent métal
- des billets

Pourtant, historiquement, ce ne sont que des supports.
La véritable essence de l’argent se trouve ailleurs.

L’argent est confiance.
Rien de plus.
Et rien de moins.

Une pièce d’or ne possède pas de valeur intrinsèque qui explique son pouvoir d’achat.
Un billet de banque est du papier imprimé.
Un solde de compte numérique n’est qu’un enregistrement de données.

Leur pouvoir naît de la croyance partagée en leur validité.
L’histoire du système financier n’est donc pas principalement une histoire de richesse.
C’est une histoire de systèmes de croyance organisés.

Les premiers prêtres financiers

Dès la Mésopotamie, les temples et les palais développèrent des systèmes de crédit primitifs.
On prêtait du grain.
On préfinançait les récoltes.
On documentait les dettes.

La plupart des gens n'y reconnaissent pas encore la finance moderne.
Mais l'idée de base était déjà présente :
Une valeur future était transférée dans le présent.

Ici naquit l'une des découvertes les plus lourdes de conséquences de l'histoire humaine :
L'avenir peut être échangé.

La magie de la promesse

Imaginons un paysan.
Il a besoin de semences.
Mais la récolte n'arrivera que dans plusieurs mois.

Un prêt résout ce problème.
Le prêteur accepte une promesse.
Il n'y a pas encore de grain.
Pas encore de profit.
Pourtant, le résultat attendu acquiert déjà une réalité économique aujourd'hui.

Cette idée apparemment simple change tout.
Parce qu'elle permet pour la première fois :

- les investissements
- l’expansion
- le commerce à travers le temps
- la croissance économique

Du point de vue de l’Antiquité, cela semble presque magique.
Des valeurs inexistantes génèrent des actions réelles.

L’alchimie du futur

Les alchimistes classiques cherchaient la pierre philosophale.
Ils voulaient transformer la matière.

Le monde financier découvrit une autre forme de transmutation.
Il transforma le temps en capital.

Chaque prêt est essentiellement un pari sur l’avenir.
Chaque investissement est une évaluation de possibilités.
Chaque prix de marché contient des attentes sur des événements qui ne se sont pas encore produits.

Les marchés financiers devinrent ainsi des machines à calculer l’avenir.
Bien avant que les ordinateurs n’existent.

Les Médicis et l’architecture de la confiance

Dans l’Europe du Moyen Âge et de la Renaissance, ce développement prit de nouvelles formes.
Cela devient particulièrement évident avec la famille de Cosme de Médicis et la banque des Médicis.

Leur véritable innovation ne résidait pas dans la possession d’or.
Mais dans l’organisation de la confiance.

Un marchand pouvait déposer de l’argent à Florence.
Et y accéder à Bruges ou à Londres.
Non parce que l’or était transporté.
Mais parce qu’un réseau d’accords existait.

La richesse matérielle passa de plus en plus au second plan.
L’information devint plus importante que le métal.

La dématérialisation du pouvoir

Ici commence un schéma qui se poursuit jusqu’à nos jours.
Plus le système financier devenait complexe, moins il dépendait de ressources physiques.

Le pouvoir a migré :
de l’or
vers les documents,
des documents
vers les livres comptables,

des livres comptables
vers les ordinateurs,
des ordinateurs
vers les algorithmes.

L'histoire du système financier est aussi l'histoire de la dématérialisation croissante du pouvoir.

L'invention de la banque centrale

Avec l'avènement des États modernes, un nouveau défi est apparu.
Qui contrôle la confiance elle-même ?

La réponse fut :
Les banques centrales.

Des institutions comme la Banque d'Angleterre créèrent un nouvel ordre.
Ce n'étaient plus des banquiers individuels qui garantissaient la stabilité.
Mais les institutions.

Ainsi naquit une nouvelle forme de croyance collective.
Les gens ne faisaient plus confiance à des personnes individuelles.
Mais à des systèmes abstraits.

Cela marque une étape cruciale vers l'architecture financière moderne.

Le caractère invisible de l'argent

Plus les systèmes financiers réussissaient, plus leurs mécanismes devenaient invisibles.
Aujourd'hui, la plupart des citoyens ne comprennent pas :

- la création monétaire
- le marché interbancaire
- les obligations d'État
- les produits dérivés
- les bilans des banques centrales

Pourtant, ils font confiance à ces systèmes.
Pourquoi ?
Parce qu'ils fonctionnent.
Ou du moins donnent l'impression de fonctionner.

Nous rencontrons ici à nouveau le schéma de base de l'ordre caché :
La légitimité ne naît pas de la compréhension.
Mais de la stabilité.

La naissance des mathématiques financières

Aux XIXe et XXe siècles, le monde des nombres fusionne avec le monde de l'argent.
Les mathématiciens entrent sur les marchés financiers.
Les compagnies d'assurance calculent les risques.

Les banques modélisent les défauts de paiement.
Les investisseurs analysent les probabilités.

Le monde financier commence à parler le langage des mathématiques.
Cela change fondamentalement son caractère.
L'argent n'est plus seulement administré.
Il est modélisé.

Le rêve de la prédiction parfaite

Avec chaque nouvelle méthode mathématique, un vieux rêve grandit :
Rendre l'avenir calculable.

Si les risques peuvent être mesurés,
alors ils peuvent être contrôlés.
Si les marchés peuvent être modélisés,
alors ils peuvent être optimisés.
Si le comportement peut être prédit,
alors les profits peuvent être maximisés.

Ce rêve a guidé le développement du monde financier moderne jusqu'à aujourd'hui.
C'est la véritable force motrice derrière :

- l'économétrie
- la théorie du portefeuille
- les modèles de risque
- l'intelligence artificielle
- l'optimisation quantique

La métaphysique cachée du marché

Avec le temps, le marché commence à acquérir des caractéristiques qui vont bien au-delà de sa fonction économique.
Il devient la plus haute instance d'évaluation.
Les décisions politiques sont mesurées à son aune.
Les entreprises s'orientent sur lui.
Les États craignent ses réactions.

Les gouvernements parlent :

- de confiance du marché
- d'attentes du marché
- de sentiment du marché

Presque comme si le marché possédait sa propre volonté.
Le marché devient la divinité moderne de l'économie.
Non parce que les gens l'adorent.
Mais parce qu'ils se soumettent à ses jugements.

La première grande erreur

Cependant, une illusion dangereuse apparaît ici.
Les gens commencent à croire :
Si les modèles sont assez complexes,
l'incertitude disparaîtra.

L'histoire dément à plusieurs reprises cet espoir.
Chaque crise financière enseigne la même leçon :
La complexité n'élimine pas l'incertitude.

Elle la déplace simplement.
Souvent vers des endroits que personne ne voit plus.

Les alchimistes de la modernité

Au Moyen Âge, les alchimistes travaillaient dans le secret.
Ils cherchaient des formules secrètes.

Aujourd'hui, il existe une nouvelle classe d'alchimistes.
Leurs laboratoires sont :

- les banques d'investissement
- les fonds spéculatifs
- les centres de recherche
- les centres de données

Leurs outils sont :

- des modèles
- des algorithmes
- des données
- des simulations

Leur mission reste étonnamment similaire.
Ils cherchent à générer de la richesse à partir de la connaissance.
De la prévisibilité à partir de l'incertitude.
Le présent à partir du futur.

De l’alchimie financière à l’économie des machines

L’histoire de ce chapitre montre un changement décisif.
À l’origine, le pouvoir reposait sur la possession.
Puis sur l’information.
Puis sur le calcul.

Maintenant, une nouvelle phase commence.
Les machines assument de plus en plus les tâches autrefois réservées aux alchimistes financiers.
Les modèles deviennent plus complexes.
Les calculs plus rapides.
Les décisions plus autonomes.

Pas à pas, l’être humain s’éloigne du centre du système.

Observation conclusive

La plus grande innovation de l’histoire financière ne fut pas l’argent.
Ni la banque.
Ni la bourse.
Ce fut la découverte que l’avenir est négociable.

Cette découverte a créé le monde moderne.
Mais en même temps, elle a produit un système dont les mécanismes internes sont de plus en plus difficiles à percer.

L’alchimie financière a commencé comme l’art d’organiser la confiance.

Aujourd'hui, elle se développe vers la science de la prédiction algorithmique.

Et c'est précisément là que commence la prochaine grande transformation.
Car si l'avenir peut être calculé, une nouvelle question se pose :
Que se passe-t-il quand ce ne sont plus les humains, mais les machines qui calculent l'avenir ?

Avec cette question, nous entrons dans la section suivante de notre voyage :
Les machines prennent le relais.

Chapitre 4 – La mort du trader de la salle des marchés

Comment les machines sont entrées sur le marché et l'homme est devenu spectateur

« Il fut un temps où le marché était un lieu. Aujourd'hui, c'est un processus. »

La fin d'une époque

Quand les gens pensent aux bourses, ils voient souvent les mêmes images :
Des hommes en vestes colorées.
Des gestes frénétiques.
Des traders qui crient.
Des papiers.

Des téléphones.
Une atmosphère de chaos contrôlé.

Ces images ont façonné pendant plus d'un siècle l'idée du fonctionnement des marchés.
Mais ce monde n'existe presque plus.
Il n'a pas été détruit par une crise.
Ni par une révolution.
Ni par une loi.
Il a disparu silencieusement.
Ligne après ligne.
Terminal après terminal.
Algorithme après algorithme.

La mort du trader de salle ne fut pas un événement.
Ce fut un processus.
Et avec lui a commencé l'un des plus grands transferts de pouvoir de l'histoire économique.

La Bourse comme théâtre de la modernité

Les Bourses classiques étaient bien plus que des lieux d'échange.
Elles étaient des mises en scène publiques du pouvoir économique.

Celui qui entrait dans le parquet entrait dans un espace symbolique.
Là se rencontraient :

- les banques
- les entreprises

•les traders
•les spéculateurs

Le marché avait des visages.
On pouvait observer :

•la peur
•la cupidité
•la panique
•l'euphorie

La psychologie humaine était visible.
La Bourse était une scène sur laquelle les émotions du capitalisme étaient représentées publiquement.

L'illusion du contrôle humain

Ce monde produisait une idée puissante :
Que les marchés sont faits par les hommes.

Le trader était vu comme la figure centrale.
Il observait.
Évaluait.
Décidait.
Agissait.

Le public imaginait le marché comme la somme de décisions individuelles.
Mais même à cette phase, la réalité était plus complexe.
Car derrière chaque trader se trouvaient :

•des banques

- des règles
- des réseaux
- des systèmes d’information

Les acteurs visibles n’étaient que la surface d’une structure plus profonde.

L’ordinateur entre en scène

Dans les années 1970-1980, une révolution silencieuse commence.
Les ordinateurs deviennent assez puissants pour traiter électroniquement les données financières.

Au début, ils semblent inoffensifs.
Ils aident pour :

- la comptabilité
- l’analyse de données
- le calcul des prix

Personne ne parle de prise de pouvoir.
L’ordinateur semble un outil.
Un assistant.
Une aide.

Mais tout support technique contient une dynamique cachée :
Ce qui soutient d’abord commence ensuite à remplacer.

La naissance des marchés électroniques

Avec l'émergence des plateformes de négociation électroniques, la nature du marché change fondamentalement.
Soudain, la présence physique n'est plus nécessaire.
Le trader n'a plus besoin d'être sur le parquet.
Un terminal suffit.
Puis un réseau.
Puis un logiciel.
Puis un algorithme.

À chaque étape, l'humain est éloigné du processus de négociation réel.
Le marché perd son lieu.
Il devient numérique.

La vitesse comme nouvelle monnaie

Pendant longtemps, la concurrence reposait sur la connaissance.
Qui avait la meilleure information gagnait.

Avec la numérisation, une nouvelle ressource apparaît :
La vitesse.
Pas les secondes.
Pas les millisecondes.
Mais les microsecondes.
Plus tard, les nanosecondes.

Soudain, une course commence qui change la logique des marchés.

La question n’est plus :
Qui en sait plus ?
Mais :
Qui réagit plus vite ?

Le temps devient une marchandise.

L’émergence du trading haute fréquence

De cette course naît le trading haute fréquence.
High Frequency Trading (HFT).
Une nouvelle espèce de marché.

Ces systèmes analysent :

- les prix
- les volumes
- les informations
- les carnets d’ordres

et réagissent dans des délais devenus insignifiants pour les humains.
Un clignement d’œil humain dure environ 300 millisecondes.
Dans le même temps, les systèmes de trading modernes peuvent prendre des millions de décisions.

Pour la première fois, une asymétrie fondamentale apparaît.
L’humain ne perd pas seulement en vitesse.
Il perd sa pertinence.

Le moment de la dépossession

Il n’y a pas de jour unique où les machines ont pris le contrôle.
Mais à un moment donné, il est devenu clair :
L’humain ne peut plus rivaliser.
Non parce qu’il est plus stupide.
Mais parce qu’il est biologiquement limité.

Le système nerveux humain a une vitesse fixe.
La machine ne connaît pas cette limite.

La compétition ne s’arrête pas pour autant.
Elle devient insignifiante.
C’est comme faire courir un sprinter contre la lumière.

Le marché cesse d’être humain

À ce stade, quelque chose de plus profond que la simple automatisation se produit.
La logique du marché change.

Les humains agissent sur la base :

- d’attentes
- de croyances
- de récits
- d’émotions

Les machines agissent sur la base :

- de motifs

•de probabilités
•de fonctions d'optimisation
•d'états mathématiques

Le marché commence à répondre à des signaux qui n'ont jamais été destinés à la perception humaine.
Il est de plus en plus contrôlé par un langage que les humains ne peuvent ni voir ni comprendre intuitivement.

Le Flash Crash comme révélation

Le 6 mai 2010, quelque chose se produit qui ressemble à un regard derrière le rideau.
En quelques minutes, les marchés américains perdent temporairement près d'un billion de dollars.
Puis ils se rétablissent.

Beaucoup vivent ce moment comme un choc.
Non pas à cause des pertes.
Mais à cause d'une prise de conscience :
Personne n'a complètement compris ce qui venait de se passer.

Les machines ont réagi aux machines.
Les algorithmes ont amplifié les algorithmes.
Le marché a commencé à communiquer avec lui-même.
Les humains sont devenus les observateurs d'un processus qu'ils ne contrôlaient plus.

Le Flash Crash n'était pas simplement un problème technique.
C'était un événement philosophique.

La naissance des marchés boîte noire

Plus les systèmes deviennent complexes, plus leur traçabilité devient difficile.
Autrefois, un trader pouvait expliquer :
Pourquoi il avait acheté.
Pourquoi il avait vendu.
Pourquoi il avait pris un risque.

Un réseau de neurones ne le peut souvent pas.
Un modèle auto-apprenant prend des décisions sur la base de relations de haute dimension.
La décision est visible.
La justification disparaît.

Ici émerge le monde financier que nous avons appelé « ésotérisme algorithmique » dans le prologue.

La nouvelle élite

Avec la disparition du trader de salle, le pouvoir ne disparaît pas.
Il se déplace.

Les gagnants du nouvel ordre ne sont plus les acteurs les plus bruyants.
Mais ceux qui :

- développent des modèles
- possèdent des données
- contrôlent des centres de données
- optimisent des réseaux

Le trader classique est remplacé par :

- des analystes quantitatifs
- des mathématiciens
- des physiciens
- des informaticiens

La Bourse passe du marché au laboratoire.

Le marché invisible

Aujourd'hui, le marché existe en grande partie en dehors de la perception humaine.
Pas sur des écrans.
Pas dans les informations.
Mais dans les centres de données.
Entre les serveurs.
Dans les câbles à fibres optiques.
Dans les paquets de données.

Le marché moderne n'est plus un lieu.
C'est une infrastructure.
Une opération de calcul globale et permanente.

La véritable signification de la mort

La mort du trader de salle ne signifie pas seulement la fin d'une profession.
Elle marque la fin d'une vision du monde.

Pendant des siècles, nous avons cru :
Les marchés sont des lieux de décisions humaines.

Aujourd'hui, nous devons reconnaître :
Les marchés évoluent vers des systèmes d'interactions entre machines.

Les humains restent propriétaires.
Parfois régulateurs.
Souvent spectateurs.
Mais de plus en plus rarement acteurs directs.

Observation conclusive

L'histoire des marchés financiers n'est pas seulement une histoire d'argent.
C'est l'histoire du déplacement du pouvoir de décision.
Du commerçant au banquier.
Du banquier au mathématicien.
Du mathématicien à l'algorithme.

La mort du trader de salle fut donc plus qu'un changement technologique.
Ce fut le moment où le monde financier a commencé à se détacher des limites de la perception humaine.

Et c'est précisément là que commence la phase suivante de notre enquête :
Ce n'est plus la question de savoir si les machines peuvent agir.
Mais :

Que se passe-t-il quand la vitesse elle-même devient la forme dominante du pouvoir ?

Ainsi, nous entrons dans l'ère du trading haute fréquence – la conquête du temps.

Chapitre 5 – Haute fréquence et la conquête du temps

Comment les microsecondes sont devenues la ressource la plus précieuse du monde financier

« Autrefois, les traders rivalisaient de connaissance. Aujourd'hui, les machines rivalisent de temps. »

La dernière frontière

Chaque époque possède sa ressource décisive.
Pour les sociétés agraires, c'était la terre.
Pour les sociétés industrielles, l'énergie.
Pour l'ère de l'information, les données.

Mais dans le trading haute fréquence, une nouvelle ressource apparaît, encore plus fondamentale :
Le temps.
Pas le temps au sens humain.
Pas les heures.
Pas les jours.
Pas même les secondes.

Mais le temps comme grandeur physique.
Le temps comme distance mesurable entre signal et décision.

L’invisibilité de la vitesse

Pour les humains, la vitesse n’existe que jusqu’à un certain point.
Nous remarquons la différence entre une minute et une heure.
Entre une seconde et une minute.
Mais quelque part, notre perception s’arrête.

Personne ne peut saisir intuitivement ce qu’est une microseconde.
Une microseconde est un millionième de seconde.
Une nanoseconde, un milliardième.

Dans ces domaines, l’expérience humaine perd ses repères.
Nous entrons dans un monde entièrement machinique.
Là, il n’y a pas d’émotions.
Pas de réflexion.
Pas d’intuition.
Seulement des signaux.

La découverte de l’avantage temporel

Les premiers traders algorithmiques ont remarqué quelque chose de surprenant.

La différence entre profits et pertes ne résidait souvent pas dans de meilleures analyses.
Mais dans une exécution plus rapide.

Si deux participants au marché possèdent la même information, celui qui agit en premier gagne souvent.
Cela semble trivial.
Mais les conséquences furent révolutionnaires.

Soudain, chaque milliseconde devint un actif.
La vitesse devint négociable.

La physique prend le dessus sur l'économie

Jusqu'alors, la finance était avant tout une discipline mathématique.
Maintenant, une nouvelle science entre en scène :
La physique.

Le trading haute fréquence oblige les acteurs financiers à s'intéresser à des questions autrefois réservées aux ingénieurs :

- À quelle vitesse la lumière se déplace-t-elle ?
- Quelle est la longueur d'un câble à fibres optiques ?
- Quel chemin le signal emprunte-t-il ?
- Quel retard le matériel cause-t-il ?

Le marché se rapproche davantage des lois de la relativité que de celles de l'économie classique.
Ce n'est pas le trader le plus intelligent qui gagne.
Mais souvent celui dont le signal arrive en premier.

La géographie de la vitesse

Avec le trading haute fréquence, la signification de l'espace change.
Autrefois, la distance entre les participants au marché importait peu.
Aujourd'hui, elle peut coûter des millions.

C'est pourquoi de nouvelles formes de pouvoir infrastructurel émergent :

- Les serveurs sont placés juste à côté des bourses (co-localisation).
- Les câbles à fibres optiques sont redressés.
- Les liaisons micro-ondes traversent les paysages.
- Les centres de données surgissent à des nœuds stratégiques.

La proximité du marché devient elle-même un bien de marché.
Qui est plus proche voit en premier.
Qui voit en premier agit en premier.

La guerre des nanosecondes

Au cours des siècles passés, les guerres se livraient pour les territoires.
Dans le trading haute fréquence, une guerre des nanosecondes commence.

Les entreprises investissent des milliards pour obtenir des avantages temporels minimes.
Certains exemples semblent presque absurdes :

- Des tunnels à travers les montagnes pour raccourcir les câbles.
- Des liaisons radio spéciales sur de longues distances.
- Des communications par satellite propriétaires.
- Des processeurs conçus sur mesure.

D'un point de vue humain, cela paraît irrationnel.
Pourquoi investir des milliards pour gagner des microsecondes ?
La réponse est :
Parce que dans un marché de milliards de transactions, même les avantages minimes ont des effets exponentiels.

La nouvelle forme de connaissance

Traditionnellement, la connaissance était un contenu.
Quelque chose que l'on comprenait.

Dans le trading haute fréquence, une nouvelle forme de connaissance émerge.
Non pas :
Que sais-tu ?
Mais :
Quand le sais-tu ?

L'avance temporelle devient plus importante que le contenu de l'information.

Un signal qui arrive quelques microsecondes plus tôt possède une valeur économique.
Le temps devient information.
L'information devient capital.

Le marché comme système nerveux

Avec l'augmentation de la vitesse, le marché commence à acquérir les caractéristiques d'un système biologique.
Il ressemble de moins en moins à un lieu d'échange.
Et de plus en plus à un système nerveux.

Des signaux naissent.
Ils sont transmis.
Ils déclenchent des réactions.
De nouveaux signaux naissent.
De nouvelles réactions suivent.

Ce cycle se produit en continu.
Des milliards de fois.

Le marché développe des réflexes.
Pas au sens humain.
Mais comme propriété émergente d'algorithmes en réseau.

La naissance de l'écologie des machines

Un changement crucial passe souvent inaperçu.
Les algorithmes n'agissent plus principalement contre

les humains.
Ils agissent les uns contre les autres.

La majorité des signaux est générée par des machines.
La majorité des réactions est exécutée par des machines.
La majeure partie de la communication de marché a lieu entre machines.

L'humain sort de plus en plus du cycle.
Un nouvel ordre écologique émerge :
Une écologie des machines.

Au sein de cet ordre, les systèmes rivalisent pour :

- la vitesse
- l'efficacité
- la puissance prédictive

L'humain devient un observateur lointain.

L'illusion de l'efficacité parfaite

Les partisans du trading haute fréquence soutiennent souvent :
Plus de vitesse signifie de meilleurs marchés.

Effectivement, le HFT apporte des avantages réels :

- des spreads plus faibles
- une liquidité accrue
- une formation des prix plus rapide

Mais ces avantages ont un revers.
Plus les marchés sont optimisés, plus ils peuvent réagir sensiblement aux perturbations.

Un système hautement optimisé a souvent moins de tolérance aux pannes.
Comme une voiture de course est plus puissante mais plus fragile qu'un camion.

Le Flash Crash comme effondrement du temps

Le Flash Crash de 2010 révèle ce problème.
En quelques minutes, les prix s'effondrent.
Puis ils se stabilisent à nouveau.

Mais plus important que les pertes est la cause.
La vitesse elle-même devient le risque.

Les algorithmes réagissent aux algorithmes.
Les boucles de rétroaction amplifient les signaux.
La dynamique se développe plus vite que les humains ne peuvent intervenir.

Les délais de la prise de décision humaine deviennent sans objet.
Un effondrement du temps se produit.
Le marché évolue à un niveau hors du contrôle humain.

L’émergence d’une nouvelle ontologie

L’économie traditionnelle considère les marchés comme des lieux d’échange.
Le trading haute fréquence change cette vision.

Le marché devient un champ d’information.
Les prix ne sont plus seulement des évaluations.
Ils deviennent des signaux.
La liquidité devient information.
La volatilité devient communication.

Le marché se transforme en un gigantesque système de calcul distribué.
Une machine mondiale pour traiter les attentes.

La signification philosophique de la vitesse

Nous atteignons ici un point plus profond.
Le trading haute fréquence ne change pas seulement les marchés.
Il change la relation entre l’être humain et la réalité.

Pendant des milliers d’années, la perception humaine a été le fondement de toutes les décisions.
Désormais, des processus émergent qui opèrent complètement en dehors de cette perception.

Cela signifie :
Le pouvoir commence à se détacher de l’expérience.

Autrefois, un trader pouvait observer, comprendre et agir.
Aujourd'hui, l'action précède souvent la compréhension.
La machine réagit.
L'humain n'interprète qu'après.
L'ordre s'inverse.

La conquête du temps

Historiquement, les empires conquéraient :

- des territoires
- des routes commerciales
- des ressources

Le trading haute fréquence conquiert quelque chose de plus fondamental :
Le temps lui-même.
Non en l'arrêtant.
Mais en rendant ses plus petites unités économiquement exploitables.

La microseconde devient la nouvelle frontière de l'expansion économique.
Là où les sociétés passées colonisaient la terre, le monde financier algorithmique colonise le temps.

Le prélude à l’ésotérisme algorithmique

Mais la vitesse seule n’est pas la fin du développement.
Elle n’en est que la préparation.

La course contre le temps mène inévitablement à une nouvelle question :
Quand la vitesse atteindra un jour des limites physiques, où se situera l’avantage suivant ?

La réponse est :
Non pas calculer plus vite.
Mais penser différemment.

Ici commence la transition de la vitesse à la complexité.
Du trading haute fréquence à l’intelligence artificielle.
Des systèmes réactifs aux systèmes apprenants.
De l’optimisation du temps à l’optimisation de la réalité elle-même.

PARTIE II – LES MACHINES PRENNENT LE RELAIS

Chapitre 6 – La société de la boîte noire

Comment la logique des algorithmes est devenue l'infrastructure invisible de la modernité

« Le plus grand pouvoir n'est pas celui qui se cache. Le plus grand pouvoir est celui qui est visible, mais que plus personne ne comprend. »

La fin de l'explicabilité

L'histoire de la modernité a été longtemps l'histoire d'une transparence croissante.
Les Lumières promettaient :

- le savoir contre le mythe
- la science contre la superstition
- la raison contre l'autorité

Le postulat de base était :
Si nous comprenons mieux le monde, nous le maîtriserons mieux.

Pendant des siècles, cet espoir sembla se réaliser.
Les machines devinrent plus complexes.
Les institutions grandirent.
Les sociétés s'interconnectèrent davantage.

Mais en même temps, un paradoxe inattendu apparut :
Plus nos systèmes réussissaient, plus ils devenaient difficiles à comprendre.

Aujourd'hui, nous vivons dans un monde dont les décisions les plus importantes sont de plus en plus prises par des processus qui échappent à la compréhension humaine.
Nous entrons dans l'ère de la boîte noire.

Qu'est-ce qu'une boîte noire ?

Le terme vient à l'origine de l'ingénierie.
Une boîte noire est un système dont les entrées et les sorties sont connues, mais dont le fonctionnement interne reste caché.

On voit :

•Ce qui entre.
•Ce qui sort.

Mais le chemin intermédiaire reste obscur.

Dans la technologie primitive, ce n'était souvent qu'une simplification pratique.
Avec les algorithmes modernes, cela devient un problème structurel.
Parce que la boîte noire n'est pas cachée parce que quelqu'un la cache.
Elle est cachée parce que sa complexité dépasse la reconstruction humaine.

L’ancienne et la nouvelle opacité

Historiquement, il existait deux formes de non-savoir.
La première était le secret.
Les souverains retenaient l’information.
Les prêtres gardaient un savoir secret.
Les banquiers protégeaient leurs livres.
C’était une forme politique d’opacité.

La seconde forme est nouvelle.
Personne n’a besoin de rien cacher.
Le code source peut être ouvert.
Les données peuvent être publiques.
Et pourtant, le système reste incompréhensible.

Pourquoi ?
Parce que la complexité elle-même est devenue une barrière.

Nous vivons la transition du secret à l’hypercomplexité.

Le retour de l’oracle

Dans l’Antiquité, les gens consultaient les oracles.
Ils recevaient des réponses dont ils ne pouvaient comprendre l’origine.

Aujourd’hui, nous consultons des moteurs de recherche, des systèmes de recommandation et des modèles d’IA.
La différence semble énorme.
Pourtant, structurellement, des parallèles étonnants existent.

Nous posons une question.
Nous recevons une réponse.
Nous faisons confiance au résultat.
La logique interne reste cachée.

Bien sûr, les systèmes modernes reposent sur les mathématiques, pas sur la mythologie.
Mais pour l'utilisateur, cela ne fait souvent aucune différence.
L'expérience reste la même :
Une autorité fournit une orientation sans que son processus de pensée devienne visible.

La naissance de l'autorité algorithmique

L'un des changements les plus profonds du présent est que les décisions sont de plus en plus déléguées à des modèles.
Autrefois, les humains prenaient des décisions en utilisant des informations.
Aujourd'hui, les systèmes prennent des décisions en utilisant des informations humaines.

Cette différence paraît petite.
En réalité, elle change la structure du pouvoir.

Les exemples sont partout :

- évaluations de solvabilité
- primes d'assurance
- sélection de candidats
- reconnaissance faciale

•diagnostics médicaux
•trading financier

L'algorithme devient un co-décideur silencieux.
Non comme conseiller.
Mais de plus en plus comme autorité.

L'invisibilité de l'influence

La plupart des gens ne vivent pas les algorithmes comme une domination.
Ils les vivent comme un confort.

Une recommandation sur une plateforme.
Un itinéraire.
Une requête de recherche.
Une suggestion de produit.
Un flux d'informations personnalisé.

Mais c'est précisément cette invisibilité qui rend leur influence si efficace.
Le pouvoir est le plus efficace quand il n'est pas perçu comme tel.

L'utilisateur croit choisir librement.
Alors que l'éventail des choix a déjà été structuré.
La décision reste individuelle.
L'environnement de décision, non.

De la statistique à la prédiction

La statistique classique décrivait le passé.
Les systèmes modernes tentent de prédire l'avenir.
C'est une différence fondamentale.

Un réseau de neurones ne s'intéresse pas principalement à la vérité.
Il s'intéresse à la probabilité de succès.
Il ne demande pas :
Pourquoi quelque chose se produit-il ?
Mais :
Qu'est-ce qui est susceptible de se produire ?

Ainsi, la logique du savoir se déplace.
L'explication devient moins importante.
La prédiction devient plus importante.
La société commence à valoriser davantage la puissance prédictive que la compréhension.

La crise de la causalité

Ici surgit l'un des problèmes centraux du XXIe siècle.
Les humains pensent en causes.
Les algorithmes pensent en corrélations.

Un humain demande :
Qu'est-ce qui cause cet événement ?
Un modèle demande :
Quels motifs précèdent fréquemment cet événement ?

La différence est énorme.
La corrélation ne nécessite pas de compréhension.
Elle nécessite seulement suffisamment de données.

Ainsi naissent des systèmes capables de prédire avec succès sans savoir pourquoi quelque chose se produit.
Nous passons d’une culture causale à une culture probabiliste.

La société comme ombre de données

Pour faire des prédictions, les systèmes doivent collecter des données.
Beaucoup plus de données que les sociétés passées n’en ont jamais généré.

Chaque clic.
Chaque achat.
Chaque mouvement.
Chaque requête de recherche.
Chaque interaction.

De ces traces naît une seconde image de l’être humain.
Un jumeau numérique.
Une ombre de données.

Cette ombre de données devient plus importante que la personne physique elle-même.
Parce que les systèmes ne prennent pas de décisions sur les humains.
Ils prennent des décisions sur leurs représentations de données.

La nouvelle forme de pouvoir

Traditionnellement, le pouvoir reposait sur le contrôle des personnes.
Aujourd'hui, il repose de plus en plus sur le contrôle des modèles.

Celui qui possède les modèles :

- interprète le comportement,
- évalue les risques,
- définit la pertinence,
- oriente l'attention.

Le nouveau pouvoir agit rarement directement.
Il façonne des probabilités.
Il modifie les incitations.
Il forme des espaces de décision.

Cela le rend difficile à voir.
Et difficile à attaquer.

Les marchés financiers comme pionniers

Comme si souvent, ces développements apparaissent d'abord dans le monde financier.
Le trading moderne repose depuis longtemps sur des modèles qu'aucune personne ne maîtrise complètement.

Les algorithmes analysent :

- les mouvements de prix
- les flux de liquidité
- les informations
- les signaux sociaux
- les données macroéconomiques

et génèrent des décisions en temps réel.

Les marchés financiers sont ainsi le premier environnement complètement algorithmisé de la modernité.
Ils montrent ce que de nombreux autres secteurs de la société pourraient atteindre plus tard.

Le paradoxe de la rationalité

La modernité croyait :
Plus de données mènent à plus de rationalité.
Plus de calcul mène à plus de contrôle.
Plus de connaissance mène à plus de compréhension.

La réalité se développe différemment.
Plus de données génèrent souvent plus de complexité.
Plus de modèles génèrent plus d'opacité.
Plus de calcul génère plus de dépendance.

Le résultat est paradoxal :
La société la plus rationnelle de l'histoire produit de nouvelles formes de non-savoir.

Ésotérisme algorithmique

À ce stade, nous revenons à la thèse centrale de ce livre.
Ésotérisme signifiait à l'origine :
Connaissance pour un cercle restreint.

Aujourd'hui, une nouvelle forme de ce principe émerge.
Non parce que la connaissance est tenue secrète.
Mais parce que seules quelques personnes possèdent les compétences nécessaires pour comprendre les systèmes.

Les nouveaux initiés sont :

- les mathématiciens
- les data scientists
- les chercheurs en IA
- les quants
- les architectes systèmes

Ils ne forment pas une conspiration.
Mais ils forment une élite du savoir.
Et toute élite du savoir génère des asymétries de pouvoir.

L'illusion de la neutralité

L'une des hypothèses les plus dangereuses de notre époque est :
Les algorithmes sont neutres.

En réalité, les modèles contiennent toujours des décisions.
Quelles données sont collectées ?
Quels objectifs sont optimisés ?
Quels risques sont acceptés ?
Quelles erreurs sont tolérées ?

Chacune de ces décisions est humaine.
L'algorithme paraît objectif.
Son architecture ne l'est pas.

La société dans le miroir de la machine

Le sens le plus profond de la boîte noire ne réside peut-être pas dans les machines elles-mêmes.
Mais dans ce qu'elles révèlent sur nous.

Les algorithmes ne sont pas des êtres étrangers.
Ce sont des condensations de décisions humaines.
Des condensations de valeurs humaines.
Des condensations de priorités humaines.

La boîte noire ne reflète pas seulement notre technologie.
Elle reflète notre société.

Plus nous regardons précisément à l'intérieur, plus nous reconnaissons clairement :
La véritable opacité n'est pas dans le code.
Elle est dans les structures de pouvoir, les intérêts et les hypothèses que nous avons inscrits dans le code.

Observation conclusive

La société de la boîte noire marque un tournant historique.
Pour la première fois, l'humanité crée des systèmes qui ne sont pas puissants parce qu'ils exercent la violence.
Mais parce qu'ils organisent la complexité.

La question n'est donc plus :
Qui détient le pouvoir ?
Mais :
Qui possède les modèles qui déterminent comment le pouvoir est exercé ?

Avec cette question, l'histoire des machines comme outils se termine.
Et commence l'histoire des algorithmes comme structures de domination.

Chapitre 7 – Le nouveau Haut Conseil

Celui qui contrôle l'infrastructure contrôle la réalité

« Les personnes les plus puissantes d'une époque ne sont souvent pas celles qui gouvernent visiblement, mais celles qui déterminent comment les décisions sont prises en premier lieu. »

La fausse idée du pouvoir

Quand les gens parlent du pouvoir, ils pensent généralement aux acteurs visibles.
Aux :

•présidents
•ministres
•monarques
•milliardaires
•généraux

L'histoire montre pourtant un schéma récurrent :
Les acteurs les plus visibles sont rarement les seuls centres de pouvoir.

Derrière tout ordre politique existe un niveau plus profond.
Un niveau constitué :

•d'institutions
•de réseaux
•de structures d'information
•de flux de ressources

Ce niveau détermine souvent quelles décisions sont même possibles.

À l'ère des algorithmes, le pouvoir se déplace à nouveau.
Non loin des États.
Non loin des entreprises.
Mais plus profondément dans l'infrastructure de la réalité elle-même.

L’architecture derrière l’architecture

La plupart des gens vivent la technologie comme une surface.
Ils voient :

- des applications
- des sites web
- des moteurs de recherche
- des réseaux sociaux
- des systèmes de paiement numériques

Mais toute surface repose sur une structure plus profonde.
En dessous de chaque application existent :

- des centres de données
- des réseaux cloud
- des bases de données
- des lignes de communication
- des modèles d’IA
- des systèmes financiers

Cette infrastructure forme le système nerveux de la civilisation moderne.
Celui qui contrôle ce système nerveux influence bien plus que des entreprises individuelles.
Il influence les conditions dans lesquelles la société fonctionne.

La nouvelle concentration du pouvoir

L'un des développements les plus frappants du XXIe siècle est la concentration de la puissance de calcul. Historiquement, le pouvoir était lié à des ressources physiques :

- la terre
- les matières premières
- les usines
- les routes commerciales

Aujourd'hui, de nouvelles ressources apparaissent :

- les données
- les puces
- les réseaux
- les modèles
- la capacité de calcul

Ces ressources ne sont pas réparties uniformément.
Elles se concentrent en quelques nœuds.
Là, une nouvelle forme de pouvoir structurel émerge.
Non par les territoires.
Mais par le contrôle de l'information.

Les souverains invisibles de l'infrastructure

Le monde moderne est porté par une couche d'acteurs souvent moins connus du public que les hommes politiques ou les célébrités.
Il s'agit notamment :

•des opérateurs d’infrastructures cloud mondiales
•des fabricants de puces haute performance
•des opérateurs de câbles sous-marins
•des fournisseurs de modèles d’IA
•des opérateurs de grands réseaux financiers

Ces acteurs déterminent :

•quelles données peuvent être traitées,
•quels modèles peuvent être entraînés,
•quelle puissance de calcul est disponible,
•quels marchés sont connectés entre eux.

Ils ne contrôlent pas nécessairement le contenu.
Ils contrôlent les prérequis de son existence.

Le retour de la caste sacerdotale

Au premier chapitre, nous avons rencontré les prêtres de Mésopotamie.
Ils contrôlaient :

•l’écriture
•la comptabilité
•les provisions
•l’administration

La population ne comprenait pas entièrement les mécanismes.
Mais elle en dépendait.

Au XXIe siècle, ce schéma revient sous une nouvelle forme.
Les nouveaux prêtres ne portent pas de robes.
Leurs outils sont :

- des modèles mathématiques
- des langages de programmation
- des réseaux de neurones
- des algorithmes quantiques

Comme leurs prédécesseurs historiques, ils gèrent des systèmes dont la complexité dépasse la plupart des gens.

L'émergence d'une élite technocratique

Toute société produit des spécialistes.
Mais tout groupe de spécialistes ne devient pas une élite de pouvoir.

Une élite émerge là où trois conditions se rejoignent :

1. Un savoir exclusif
2. Le contrôle de ressources critiques
3. Une vérifiabilité limitée

L'élite algorithmique remplit les trois conditions.
Leur savoir est hautement spécialisé.
Leurs ressources sont centrales pour l'économie et la politique.
Et leurs décisions ne sont souvent vérifiables que de manière limitée.

Cela ne signifie pas qu'ils gouvernent secrètement le monde.
Cela signifie qu'ils possèdent une influence disproportionnée sur la structure de la prise de décision.

Le pouvoir des modèles

Au cours des siècles passés, les souverains possédaient des armées.
Aujourd'hui, les institutions possèdent des modèles.

La différence est plus grande qu'il n'y paraît.
Un modèle définit :

- quels risques deviennent visibles,
- quelles opportunités semblent pertinentes,
- quelles actions sont recommandées.

Les modèles génèrent la perception.
Et la perception génère les décisions.

Celui qui contrôle les modèles influence la réalité que voient les autres.

Le monde financier comme laboratoire du pouvoir

Nulle part cela n'est plus évident que dans le système financier.
Les flux de capitaux modernes ne sont plus dirigés

exclusivement par des humains.
Ils sont filtrés par :

- des modèles de risque
- des notations de crédit
- des algorithmes de trading
- des optimisations de portefeuille

Quand un pays gagne ou perd des investissements, cela n'arrive souvent pas seulement à cause de décisions politiques.
Entre l'événement et le flux de capitaux se trouvent les modèles.
Les modèles interprètent le monde.
Les marchés réagissent à l'interprétation.

La nouvelle forme de féodalité

Certains penseurs parlent aujourd'hui de techno-féodalisme.
Le terme est controversé, mais il pointe vers une observation intéressante.

Dans la féodalité, une petite élite contrôlait l'infrastructure de la vie :

- la terre
- l'eau
- la protection
- le commerce

Aujourd'hui, de nouveaux acteurs contrôlent :

- les données
- les réseaux
- les centres de données
- les identités numériques

La comparaison n'est pas parfaite.
Mais elle rend visible que le pouvoir devient de plus en plus infrastructurel.
Les gens peuvent posséder leurs appareils.
Mais les systèmes dont ces appareils dépendent appartiennent généralement à d'autres.

L'oligarchie de la puissance de calcul

Cela devient particulièrement évident dans le domaine de l'intelligence artificielle.
Les modèles avancés exigent :

- d'énormes quantités de données,
- du matériel spécialisé,
- d'énormes quantités d'énergie,
- des investissements de plusieurs milliards.

Cela crée une concentration naturelle.
Seules quelques organisations disposent des ressources nécessaires.

Cela conduit à une situation paradoxale.
Plus les technologies numériques semblent démocratiques,
plus l'infrastructure qui les sous-tend se concentre souvent.

La dimension géopolitique

Le nouveau Haut Conseil n'est pas un organe unique. C'est un réseau.

Ses membres siègent :

- dans les sièges sociaux des entreprises,
- dans les instituts de recherche,
- dans les banques centrales,
- dans les laboratoires technologiques,
- dans les agences gouvernementales.

Les frontières entre économie, technologie et État deviennent de plus en plus perméables.
La politique des données devient géopolitique.
La production de puces devient politique de sécurité.
Le développement de l'IA devient politique de puissance.

L'infrastructure devient le champ de bataille stratégique du XXIe siècle.

L'invisibilité de la domination moderne

La plus grande force de ce nouvel ordre réside peut-être dans son invisibilité.
La domination historique était visible.
Les impôts étaient perçus.
Les lois étaient promulguées.
Les soldats étaient dans les rues.

Le pouvoir algorithmique agit différemment.
Il façonne :

- les recommandations
- les classements
- les évaluations de risque
- les flux d'information
- les allocations de capital

Cela se produit souvent sans que les personnes concernées ne remarquent l'intervention.
Le pouvoir ne réside pas dans l'ordre.
Il réside dans la configuration des possibilités.

La question de la légitimité

Nous rencontrons ici un problème fondamental.
Les sociétés démocratiques légitiment le pouvoir par :

- les élections
- les lois
- le contrôle public

Mais comment le pouvoir algorithmique est-il légitimé ?
Qui élit les modèles ?
Qui contrôle les données d'entraînement ?
Qui décide des objectifs d'optimisation ?
Qui vérifie les impacts ?

Ces questions deviennent les questions politiques centrales du XXIe siècle.

Le Haut Conseil comme système, non comme conspiration

Il serait erroné de considérer le nouveau Haut Conseil comme un groupe secret.
La réalité est plus complexe.

Il n'existe pas de comité occulte qui dirige le monde.
Le pouvoir naît plutôt de l'entrelacement de :

- capital
- technologie
- savoir
- infrastructure

Le nouveau Haut Conseil n'est pas une organisation.
C'est une structure.
Un réseau d'institutions et d'acteurs qui façonnent ensemble les conditions de la réalité moderne.

La véritable transformation

Le changement le plus profond n'est pas que quelques-uns deviennent plus puissants.
Mais que le pouvoir lui-même change de caractère.

Autrefois, pouvoir signifiait :
Contrôler les personnes.

Aujourd'hui, pouvoir signifie de plus en plus :
Contrôler les systèmes qui influencent les personnes.

Le contrôle se déplace des individus vers les architectures.
Des commandes vers les probabilités.
De la domination directe vers la conception infrastructurelle.

Observation conclusive

Le nouveau Haut Conseil ne gouverne pas comme des rois.
Il n'édicte pas de décrets.
Il n'exige pas d'obéissance.

Son pouvoir opère de manière plus subtile.
Il contrôle les systèmes par lesquels circulent les informations, naissent les décisions et se déplace le capital.

Ainsi, il devient l'acteur central d'une nouvelle époque historique.
Une époque où le pouvoir devient moins visible, mais non moins efficace.

Chapitre 8 – Le nouveau langage secret

Comment le code est devenu le langage du pouvoir

« Chaque époque possède un langage que seuls quelques-uns comprennent. Celui qui maîtrise ce langage peut non seulement décrire le monde – il peut le changer. »

Le modèle le plus ancien du pouvoir

L'histoire de la civilisation est aussi l'histoire des langages privilégiés.
Dans les premières sociétés tribales, le savoir était largement communautaire.
Avec l'émergence de sociétés complexes, cela a changé.

Certains groupes ont développé des systèmes d'écriture exclusifs, des langages spécialisés et des formes de savoir.
Tout le monde ne pouvait pas lire.
Tout le monde ne pouvait pas écrire.
Tout le monde n'était pas autorisé à interpréter les textes sacrés.

Le langage devint un instrument du pouvoir.
Car le langage fait plus que transmettre des informations.
Il détermine ce qui peut même être pensé.

L’écriture comme premier langage secret

Quand les premiers scribes de Mésopotamie développèrent l’écriture cunéiforme, une nouvelle division sociale apparut.
D’un côté, ceux qui pouvaient lire les signes.
De l’autre, ceux qui devaient leur faire confiance.

La majorité de la population n’avait pas accès directement :

- aux listes d’impôts
- aux contrats
- aux titres de propriété
- aux actes administratifs

L’écriture n’était pas un outil neutre.
C’était une infrastructure de pouvoir.
Le scribe devint le médiateur entre la réalité et la documentation.

Le latin et l’administration du savoir

Des siècles plus tard, le latin assuma un rôle similaire.
Dans l’Europe médiévale, le latin était la langue :

- de l’Église
- de la science
- de l’administration
- du droit

La plupart des gens ne pouvaient pas le comprendre.
Mais les décisions sur leur vie étaient formulées dans cette langue.

Un prêtre lisait les Saintes Écritures.
Un juriste rédigeait des contrats.
Un érudit écrivait des traités scientifiques.

Entre le savoir et la population existait une barrière linguistique.
Cette barrière créait de l’autorité.

Les mathématiques comme langage sacerdotal universel

Avec la révolution scientifique, un nouveau langage apparut.
Le langage des nombres.

Les mathématiques possédaient un avantage décisif.
Elles étaient plus précises que le langage naturel.
Elles permettaient :

- des calculs
- des prédictions
- des modèles
- des constructions techniques

Mais en même temps, un nouveau problème surgit.
Plus les mathématiques devenaient puissantes, moins les gens pouvaient les suivre.

La société moderne l'accepta parce que les résultats fonctionnaient.
Les avions volaient.
Les ponts tenaient.
L'électricité fonctionnait.

L'autorité des mathématiques reposait sur leur efficacité.

L'ascension du code

Au XXe siècle, un autre langage apparaît.
Au début, il semble technique.
Discret.
Limité aux scientifiques et aux ingénieurs.

Ce langage s'appelle :
Le code.

Au départ, il ne servait qu'à donner des ordres aux machines.
Mais peu à peu, quelque chose d'inattendu se produit.
Le code quitte la machine.
Et commence à organiser la société.

Quand le langage crée la réalité

Le langage naturel décrit le monde.
Le code le change directement.

Cette différence est cruciale.
Quand une loi est promulguée, elle doit être interprétée.
Quand un programme est exécuté, il génère directement une action.

Le code possède une force opérationnelle.
Il ne se contente pas de décrire des règles.
Il les implémente.

Ainsi naît pour la première fois un langage qui est simultanément prescription et exécution.

« Le code est la loi » (Code is Law)

L'informaticien et juriste Lawrence Lessig a forgé une célèbre formule :
Code is Law (Le code est la loi).

Il voulait dire :
Les systèmes numériques régulent le comportement de manière similaire aux lois.

Une loi peut interdire d'ouvrir une porte.
Le code peut simplement la maintenir fermée.

Une loi peut interdire l'accès.
Le code peut rendre l'accès techniquement impossible.

Ici commence une nouvelle forme de pouvoir.
Non le pouvoir de la prescription.
Mais le pouvoir de l'architecture.

Les législateurs invisibles

Dans une société numérique, les règles naissent de plus en plus par la conception technique.
Les programmeurs décident :

- quelles fonctions sont disponibles,
- quelles informations deviennent visibles,
- quelles interactions sont autorisées,
- quelles actions sont bloquées.

Ces décisions semblent souvent purement techniques.
En réalité, elles ont des conséquences politiques.

Toute architecture contient des valeurs.
Tout algorithme contient des priorités.
Toute plateforme contient des hypothèses sur la façon dont les gens devraient agir.

Les prêtres du temple numérique

Comme les prêtres d'antan, les développeurs possèdent une capacité spéciale.
Ils peuvent traduire des symboles abstraits en effets réels.

Quelques lignes de code peuvent :

- déplacer des milliards,
- contrôler la communication,
- influencer les marchés,
- contrôler des infrastructures.

Bien sûr, la majorité des développeurs ne travaille pas avec de telles intentions.
Mais l'impact sociétal demeure.

Celui qui écrit le code façonne de plus en plus les conditions de la réalité.

La nouvelle question de l'analphabétisme

Au Moyen Âge, l'analphabétisme signifiait ne pas savoir lire.
À l'ère numérique, une nouvelle forme apparaît.

Beaucoup de gens savent lire des textes.
Mais ils ne savent pas lire les systèmes qui structurent leur vie quotidienne.

Ils comprennent :

- la surface,
- mais pas la logique sous-jacente.

Ils utilisent :

- des applications,
- des plateformes,
- des systèmes financiers,
- des outils d'IA,

sans pouvoir comprendre leur fonctionnement.

Cela crée une nouvelle dépendance.
Non pas envers les lettrés.
Mais envers les connaisseurs de systèmes.

Le langage des machines

Un autre changement est en cours.
Autrefois, les humains écrivaient du code pour les machines.
Aujourd'hui, les machines écrivent de plus en plus de code pour les humains.

L'intelligence artificielle génère :

- des programmes,
- des modèles,
- des optimisations,
- des règles de décision.

Ainsi commence une nouvelle phase.
Le langage secret devient lui-même partiellement automatisé.
Les prêtres perdent le monopole de la liturgie.
La liturgie commence à s'écrire elle-même.

Les marchés financiers comme espace de code

Nulle part le pouvoir du code n'est plus évident que dans le système financier moderne.

Le marché d’aujourd’hui se compose :

- d’algorithmes de trading,
- de modèles de risque,
- de contrats intelligents,
- de flux de données,
- de stratégies automatisées.

Le capital ne se déplace plus principalement par des conversations humaines.
Il se déplace par du code.

Les contrats sont exécutés par des machines.
Les décisions sont prises par des machines.
La liquidité est générée par des machines.

Le monde financier devient de plus en plus un vaste programme.

L’émergence de rituels numériques

Les religions historiques connaissaient des rituels.
Certaines actions devaient être accomplies dans un ordre déterminé.

Le monde numérique connaît des structures similaires.
Connexions.
Authentifications.
Processus de paiement.
Contrats intelligents.
Flux de travail automatisés.

L’utilisateur exécute des actions.
Le système réagit selon des règles fixes.

La différence ne réside pas dans l’existence de rituels.
Mais dans le fait que les rituels sont désormais surveillés par des machines.

Les limites de la transparence

Beaucoup croient que l’open source pourrait résoudre le problème.
Le code ouvert est indubitablement important.
Mais la seule transparence ne suffit pas.

Un système d’IA moderne peut contenir des millions ou des milliards de paramètres.
Même si chaque partie du programme était publique, seules quelques personnes pourraient comprendre l’ensemble.

Le défi du XXIe siècle n’est donc pas seulement le secret.
C’est la surcharge cognitive.

Les systèmes deviennent complexes plus vite que la compréhension humaine ne peut croître.

L’émergence d’une nouvelle classe cléricale

Historiquement, le clergé apparaissait là où le savoir était rare.
Aujourd’hui, une nouvelle élite du savoir émerge.
Non pas à cause de textes secrets.
Mais à cause de la complexité technique.

Leurs outils sont :

- les mathématiques
- l’informatique
- la science des données
- l’intelligence artificielle

Ils ne forment pas une classe fermée.
Mais ils possèdent des compétences devenues indispensables pour les sociétés modernes.
Cela crée un pouvoir structurel.

La métaphysique du code

À un niveau plus profond, le code remplit une fonction autrefois détenue par la religion et la philosophie.
Il répond à des questions telles que :

- Qu’est-ce qui est permis ?
- Qu’est-ce qui est possible ?
- Qu’est-ce qui est visible ?
- Qu’est-ce qui est pertinent ?

Le code définit les limites de la réalité numérique.
Il devient la grammaire d'un monde nouveau.

La plupart des gens ne parlent pas cette langue.
Et pourtant, ils vivent dans les réalités qu'elle génère.

Observation conclusive

Chaque époque possède son langage secret.
Pour les prêtres de Mésopotamie, c'était l'écriture.
Pour les érudits du Moyen Âge, le latin.
Pour les scientifiques de la modernité, les mathématiques.
Pour la civilisation numérique, c'est le code.

Mais le code est plus qu'un langage.
C'est une architecture.
C'est un système de règles.
C'est un instrument de pouvoir.

Et surtout :
C'est l'interface entre l'idée et la réalité.

Ceux qui le maîtrisent n'écrivent pas seulement des programmes.
Ils écrivent les conditions dans lesquelles la société fonctionne.

Chapitre 9 – Théologie algorithmique

Comment les modèles assument le rôle des oracles, des prêtres et des dieux

« Les systèmes de croyance les plus puissants ne sont pas ceux qui croient au surnaturel. Les systèmes de croyance les plus puissants sont ceux qui ne se reconnaissent plus comme des systèmes de croyance. »

Le retour des vieilles questions

Toute civilisation finit par se poser les mêmes questions :

- D'où vient l'ordre ?
- Qui connaît l'avenir ?
- Qui interprète l'invisible ?
- Qui décide ce qui est vrai ?

Les réponses ont changé au cours de l'histoire. Autrefois, elles étaient :

- les dieux,
- les prêtres,
- les prophètes,
- les oracles.

Plus tard, ces réponses furent remplacées par :

- la science,

- la statistique,
- l'économie,
- la technologie.

Mais les questions fondamentales n'ont jamais disparu.
Elles ont simplement changé de langage.

Le mythe du monde désenchanté

La modernité aime se raconter une histoire.
C'est l'histoire du désenchantement.
L'idée que la science et la raison auraient évincé les vieux mythes.
Que nous voyons désormais le monde objectivement.
Sans foi.
Sans rituels.
Sans sacerdoce.

Mais cette histoire n'est que partiellement vraie.
Car toute société a besoin de systèmes pour réduire l'incertitude.
Les êtres humains ne peuvent pas vivre en permanence dans une incertitude radicale.
Ils cherchent une orientation.
Ils cherchent la prévisibilité.
Ils cherchent du sens.

La question n'est donc pas de savoir si une société possède des systèmes de croyance.
Mais lesquels.

La naissance de la providence statistique

Avec l'émergence de la statistique moderne, quelque chose de révolutionnaire se produit.
Pour la première fois, l'avenir devient mathématiquement abordable.

Bien sûr, personne ne peut connaître exactement l'avenir.
Mais les probabilités créent quelque chose de nouveau : une forme calculable de l'incertitude.

Les assurances apparaissent.
Les marchés boursiers apparaissent.
La gestion des risques apparaît.

Les humains modernes commencent à faire confiance à la statistique comme les cultures anciennes faisaient confiance aux astrologues.
Non parce qu'elle est infaillible.
Mais parce qu'elle fonctionne mieux que le pur hasard.

Le nouvel oracle

Dans l'Antiquité, les gens allaient en pèlerinage à Delphes.
Ils cherchaient des réponses sur l'avenir.

Aujourd'hui, d'autres sanctuaires existent.
Des centres de recherche.
Des centres de données.

Des centres financiers.
Des laboratoires d'IA.

Là, on crée des modèles censés répondre :

- Quelle action va monter ?
- Quelle maladie va survenir ?
- Quelle région va croître ?
- Quelle personne sera solvable ?
- Quelle information sera pertinente ?

Le mécanisme a changé.
La fonction, étonnamment peu.

De la vérité à la probabilité

Les religions classiques demandaient :
Qu'est-ce qui est vrai ?

Le monde algorithmique demande :
Qu'est-ce qui est probable ?

Cette différence marque l'une des plus grandes transformations culturelles de l'histoire humaine.
La société moderne s'organise de moins en moins autour de certitudes.
Mais autour de probabilités.

Les élections.
Les assurances.
Les marchés financiers.

L'intelligence artificielle.
Tous opèrent sur cette base.

Le centre de la réalité se déplace.
De la vérité à la prédiction.

Les prêtres de la probabilité

Dans toute religion, il existe des spécialistes.
Des personnes qui interprètent les signes.
Déchiffrent les textes.
Expliquent les relations.

Dans l'ordre algorithmique, ce rôle est assumé par :

- les data scientists
- les analystes quantitatifs
- les chercheurs en IA
- les statisticiens
- les architectes de modèles

Ils ne lisent pas les saintes écritures.
Ils lisent des ensembles de données.
Ils n'interprètent pas les présages.
Ils interprètent des motifs.

Pourtant, leur fonction sociale présente des similitudes étonnantes.
Ils traduisent l'incertitude en recommandations d'action.

La liturgie des données

Les religions ont des rituels.
Ils structurent la relation entre l'humain et l'invisible.

Le monde algorithmique connaît aussi des rituels.
Collecte de données.
Nettoyage des données.
Entraînement des modèles.
Validation.
Optimisation.
Déploiement.
Surveillance.

Pour les non-initiés, ces processus semblent souvent aussi impénétrables que les cérémonies religieuses des siècles passés.
Les rituels ont changé.
La fonction sociale reste remarquablement constante.

Les dieux invisibles

Les dieux historiques étaient invisibles.
Leur existence était déduite de leurs effets.
La pluie tombait.
La récolte réussissait.
Une guerre était gagnée.

Aujourd'hui, de nouveaux acteurs invisibles émergent.
Des algorithmes.
Des modèles.
Des réseaux de neurones.

Ils n'ont pas de personnalité.
Pas d'intention.
Pas de volonté.

Et pourtant, ils influencent :

- les octrois de crédit,
- les mouvements de marché,
- les flux d'information,
- la communication politique,
- les décisions économiques.

Leur existence est également ressentie à travers leurs effets.

La crise de l'interprétabilité

Une propriété centrale des systèmes d'IA modernes est que leurs décisions sont souvent pas entièrement explicables.
Cela crée un phénomène remarquable.

Les gens font confiance à des résultats qu'ils ne peuvent pas comprendre.
De la même manière que les sociétés anciennes faisaient confiance aux autorités religieuses.

Bien sûr, la base est différente.
Mais structurellement, la même tension apparaît :
Nous acceptons des décisions dont la logique interne échappe à notre compréhension.

Les dogmes de l'ère numérique

Toute théologie a des postulats de base.
L'ordre algorithmique aussi.

Parmi ses dogmes tacites figurent souvent :

- Plus de données, c'est mieux.
- Plus de calcul, c'est mieux.
- Plus d'optimisation, c'est mieux.
- La prédiction est plus précieuse que l'explication.
- L'efficacité est une mesure universelle.

Ces hypothèses semblent évidentes à beaucoup.
Mais ce ne sont pas des lois naturelles.
Ce sont des décisions culturelles.
Et toute décision culturelle mérite un examen critique.

Le péché originel des modèles

Toute religion connaît la notion d'imperfection humaine.
Les modèles possèdent aussi une forme de péché originel.

Ils naissent des données du passé.
Par conséquent, ils reproduisent :

- des distorsions historiques,
- des structures de pouvoir existantes,
- des inégalités sociales,
- des erreurs systémiques.

Le modèle paraît objectif.
Mais il porte les traces de sa genèse.
Il ne regarde pas le monde tel qu'il pourrait être.
Mais le monde tel qu'il était.

Les marchés financiers comme temples de la prédiction

Nulle part la théologie algorithmique n'est plus évidente que dans le monde financier.
Les marchés modernes reposent sur un acte collectif de foi :
La conviction que les développements futurs sont modélisables.

Chaque transaction contient une déclaration implicite sur l'avenir.
Chaque modèle de risque formule une théorie sur l'incertitude.
Chaque algorithme contient une idée de la façon dont le monde fonctionne.

Les marchés financiers ne sont donc pas seulement des systèmes économiques.
Ce sont d'immenses machines à produire des attentes sur l'avenir.

La nouvelle providence

Les religions historiques parlaient de la providence divine.
D'un ordre qui agissait derrière les événements.

La société algorithmique développe une variante séculière de cette idée.
La conviction que suffisamment de données et suffisamment de puissance de calcul peuvent rendre visibles les structures cachées de la réalité.

Cette conviction anime :

- l'intelligence artificielle,
- l'analyse prédictive,
- l'optimisation quantique,
- le trading algorithmique.

Elle forme le noyau spirituel de la nouvelle époque.

La différence entre Dieu et le modèle

À ce stade, une distinction importante s'impose.
Les modèles ne sont pas des dieux.

Ils ne possèdent :

- ni conscience,
- ni moralité,
- ni intention.

Le vrai danger ne réside donc pas dans les modèles eux-mêmes.
Mais dans le fait de leur attribuer des propriétés qu'ils ne possèdent pas.

Quand les sociétés commencent à croire que les modèles sont objectifs, neutres et infaillibles, une nouvelle forme de dogmatisme apparaît.
Non un dogmatisme religieux.
Mais un dogmatisme technique.

L'émergence d'une nouvelle métaphysique

Chaque époque développe des idées sur le fonctionnement fondamental du monde.
Pour l'Antiquité, c'étaient les dieux.
Pour le Moyen Âge, l'ordre divin.
Pour les Lumières, les lois de la nature.

Pour l'ère de l'information, de nouveaux concepts émergent :

- les réseaux,
- les flux de données,
- les probabilités,
- les champs d'information,
- les algorithmes.

Ces concepts deviennent les éléments constitutifs métaphysiques du présent.
Ils n'expliquent pas seulement le monde.
Ils définissent ce qui compte comme explicable.

La véritable question

La question la plus importante n'est donc pas :
Les algorithmes deviennent-ils plus puissants ?
C'est déjà le cas.

La véritable question est :
Quelles valeurs écrivons-nous dans ces systèmes ?

Car toute technologie amplifie les objectifs qui lui sont assignés.
Si l'efficacité est l'objectif suprême, elle amplifie l'efficacité.
Si le contrôle est l'objectif suprême, elle amplifie le contrôle.
Si la justice est l'objectif suprême, elle amplifie la justice.

L'avenir ne sera pas décidé par la technologie seule.
Mais par les valeurs qui façonnent son architecture.

Observation conclusive

La théologie algorithmique n'est pas une religion au sens traditionnel.
Elle n'a pas de temples.
Pas d'écritures saintes.
Pas de sacerdoce au sens classique.

Pourtant, elle remplit des fonctions similaires.
Elle réduit l'incertitude.
Elle produit de l'orientation.

Elle interprète l'invisible.
Elle structure les attentes sur l'avenir.

C'est précisément pour cela qu'elle est si puissante.
Non parce qu'elle oblige les gens à croire.
Mais parce qu'elle fournit de plus en plus les outils avec lesquels les sociétés modernes perçoivent la réalité.

Chapitre 10 – La révolution quantique

Le rêve de calculer l'avenir avant qu'il n'existe

« Toute grande fantaisie de pouvoir dans l'histoire humaine a tourné autour du même désir : surmonter l'incertitude. L'ordinateur quantique est la tentative la plus ambitieuse à ce jour de transformer ce désir en technologie. »

Le bond suivant

L'histoire de ce livre nous a menés des prêtres de Mésopotamie, en passant par les alchimistes financiers de la Renaissance, jusqu'aux algorithmes du présent. Chaque époque a élargi la portée de la prédiction humaine.

- L'écriture stockait la connaissance.
- Les mathématiques structuraient la connaissance.
- L'ordinateur accélérait la connaissance.

•L’intelligence artificielle a automatisé la connaissance.

Mais voici qu’apparaît une technologie qui promet de dépasser les limites du calcul conventionnel.
L’ordinateur quantique.

Pour certains, c’est la prochaine révolution industrielle.
Pour d’autres, un rêve surestimé.
Pour le monde financier, cependant, il représente quelque chose d’encore plus important :
La possibilité de maîtriser l’incertitude à un nouveau niveau.

Les limites de la machine classique

Tout ordinateur actuel repose en fin de compte sur la même idée de base.
L’information est représentée par des bits.
Un bit a deux états :
0 ou 1.

Même les plus grands centres de données du monde consistent en des accumulations gigantesques de ces décisions.
La puissance des systèmes modernes provient de la masse et de la vitesse.

Pourtant, certains problèmes restent extrêmement difficiles.
Il s’agit notamment de :

•l’optimisation de portefeuille

- l'analyse des risques
- les chaînes d'approvisionnement
- la simulation moléculaire
- les modèles de prédiction complexes

Non pas parce que les ordinateurs sont trop lents.
Mais parce que le nombre de solutions possibles explose.
La complexité croît plus vite que la puissance de calcul.

La découverte de l'espace quantique

L'ordinateur quantique repose sur une idée radicalement différente.
Au lieu de bits classiques, il utilise des qubits.

Un qubit peut – en simplifiant – représenter plusieurs états simultanément.
La description populaire est :
Un qubit peut être 0 et 1 à la fois.

Physiquement, ce n'est qu'une approximation.
Mais elle transmet l'idée centrale :
L'ordinateur quantique traite les possibilités différemment des machines classiques.
Il ne se déplace pas linéairement dans un espace de solutions.
Il explore de nombreuses possibilités simultanément.

Pourquoi le monde financier est fasciné

Les marchés financiers sont en définitive d'immenses systèmes de possibilités.
Chaque transaction contient :

•différents risques,
•différents horizons temporels,
•différentes probabilités.

Le nombre de combinaisons possibles croît exponentiellement.
C'est précisément là l'espoir de l'industrie financière.

Un ordinateur quantique pourrait théoriquement résoudre des problèmes que les systèmes classiques ne peuvent qu'approcher.
Par exemple :

•l'allocation optimale du capital,
•les structures d'arbitrage complexes,
•la distribution dynamique des risques,
•les prévisions de marché avec des espaces de variables énormes.

Le rêve est :
Non seulement calculer plus vite.
Mais calculer différemment.

Le mythe de l'ordinateur omniscient

À ce stade, l'exagération commence souvent.
Dans les représentations populaires, l'ordinateur quantique apparaît presque comme une divinité technologique.
Un oracle.
Une machine qui connaît chaque futur.

La réalité est beaucoup plus sobre.
Les ordinateurs quantiques ne sont pas magiques.
Ils ne résolvent pas tous les problèmes.
Ils ne remplacent ni la pensée humaine ni l'incertitude économique.

Beaucoup des attentes les plus spectaculaires reposent sur des malentendus.
Mais c'est précisément pour cela que le développement réel est plus intéressant.
Parce que leur pouvoir ne réside pas dans l'omniscience.
Mais dans ce qu'ils rendent calculable.

De la vitesse à la complexité

Le trading haute fréquence a conquis le temps.
La révolution quantique tente quelque chose de différent.
Elle conquiert la complexité.

L'avantage concurrentiel décisif à l'avenir pourrait ne pas être d'obtenir l'information en premier.

Mais de pouvoir mieux modéliser des relations complexes.

La transition est historiquement significative.
Elle marque le passage :
de la vitesse
à la structure.
de la réaction
à la simulation.
du trading
à la prévision.

La naissance de l'oracle quantique

Ici, la révolution quantique touche la thèse centrale de ce livre.
Historiquement, les centres de pouvoir apparaissaient là où l'incertitude pouvait être réduite.
Les prêtres interprétaient le ciel.
Les mathématiciens calculaient des probabilités.
Les algorithmes analysaient les données.

L'ordinateur quantique promet de potentialiser toutes ces capacités.
C'est pourquoi il apparaît à beaucoup comme un oracle moderne.
Non pas parce qu'il connaît l'avenir.
Mais parce qu'il peut évaluer simultanément plus de possibilités futures.

La réalité en l'an 2026

À ce stade, une différenciation importante est nécessaire.
Le débat public surestime souvent l'état actuel du développement.

En l'an 2026, il existe des ordinateurs quantiques puissants et des progrès de recherche significatifs. Cependant, la plupart des institutions financières ne travaillent pas encore avec des systèmes de trading entièrement quantiques.

À la place, dominent :

- des algorithmes inspirés du quantique,
- des systèmes hybrides,
- des méthodes d'optimisation,
- des simulations assistées par IA.

La véritable révolution se produit actuellement moins dans le matériel que dans la pensée.
Le monde financier commence à considérer les problèmes d'un point de vue quantique.

La nouvelle géopolitique du calcul

Toute technologie transformatrice engendre une concurrence géopolitique.
Ce fut le cas pour :

- la machine à vapeur,

•l'électricité,
•Internet,
•l'intelligence artificielle.

La révolution quantique ne fait pas exception.
Les États investissent des milliards.

Pourquoi ?
Parce que le calcul quantique promet non seulement des avantages économiques.
Mais un pouvoir stratégique.

Celui qui peut mieux simuler les systèmes complexes obtient des avantages dans :

•la finance,
•la logistique,
•la science des matériaux,
•la cryptographie,
•la défense.

Le contrôle sur la capacité de calcul devient une ressource géopolitique.

La menace pour la cryptographie

Un domaine particulièrement sensible concerne la sécurité des systèmes numériques.
Le chiffrement moderne repose sur des problèmes mathématiques que les ordinateurs classiques ont du mal à résoudre.

Des ordinateurs quantiques puissants pourraient affaiblir considérablement certaines méthodes.
C'est pourquoi une course mondiale à la cryptographie dite post-quantique est en cours.

L'ironie est remarquable :
La technologie qui ouvre de nouvelles possibilités menace en même temps les fondements de la confiance numérique.

L'élite financière et la recherche d'avantage

Historiquement, le monde financier a toujours cherché des avantages informationnels.
Autrefois, c'étaient les routes commerciales.
Puis les télégraphes.
Puis les ordinateurs.
Puis les réseaux haute fréquence.

La révolution quantique apparaît comme la prochaine étape logique.
L'incitation est énorme.

Celui qui peut mieux modéliser l'incertitude possède :

- de meilleures prévisions,
- de meilleurs modèles de risque,
- une meilleure allocation du capital.

Cela donne naissance à une nouvelle forme d'asymétrie économique.

Tous les participants au marché ne possèdent pas la même puissance de calcul.

L’émergence d’aristocraties algorithmiques

Ici se manifeste l’un des dangers centraux.
Chaque révolution technologique crée des gagnants et des perdants.
La révolution quantique pourrait amplifier cet effet.

Parce que son infrastructure est coûteuse.
Elle exige :

- la recherche de pointe,
- la haute technologie,
- des investissements énormes,
- des compétences rares.

Cela crée la possibilité d’une nouvelle aristocratie du savoir.
Une élite dont l’avantage ne repose pas seulement sur la propriété.
Mais sur une capacité de calcul exclusive.

La signification philosophique

Le sens le plus profond de la révolution quantique ne réside peut-être pas dans la technologie elle-même.
Mais dans l’image de l’humanité qu’elle révèle.

Depuis des millénaires, les humains tentent de réduire l'incertitude.
La révolution quantique est une expression de ce désir ancien.
Elle montre le désir :

- de maîtriser les risques,
- de prédire les marchés,
- de simuler l'avenir,
- de dompter la complexité.

Mais chaque expansion de notre capacité prédictive génère de nouvelles questions.
Si nous pouvons voir plus loin,
qui décide comment cette connaissance est utilisée ?

La limite du prédictible

Nous rencontrons ici une vérité fondamentale.
Aucune technologie ne peut éliminer complètement l'incertitude.
Non pas parce que les ordinateurs sont trop faibles.
Mais parce que les systèmes complexes ont des limites de principe.

Les sociétés.
Les marchés.
Les cultures.
Les ordres politiques.
Ils sont constitués d'acteurs réflexifs.
Les humains changent leur comportement dès qu'ils

connaissent les prédictions.
Cela modifie le système lui-même.

L'avenir reste mobile.

La véritable révolution

La révolution quantique ne consiste donc pas en ce que les machines deviennent omniscientes.
Elle consiste en ce que la frontière entre connaissance et non-connaissance se déplace.

Certains problèmes deviennent plus calculables.
D'autres ne deviennent visibles qu'en conséquence.

Chaque expansion de notre horizon révèle de nouvelles incertitudes.
C'est précisément pourquoi l'histoire ne finit jamais.
Elle devient seulement plus complexe.

Observation conclusive

L'ordinateur quantique n'est ni un sauveur ni un maître du monde.
C'est l'outil le plus avancé à ce jour dans la longue histoire des tentatives humaines pour obtenir l'ordre à partir de l'incertitude.

Mais comme toute technologie puissante, il amplifie les structures existantes.
Il amplifie :

- la connaissance,
- le capital,
- l'infrastructure,
- le pouvoir.

La question décisive n'est donc pas :
Que peuvent faire les ordinateurs quantiques ?
Mais :
Qui les contrôlera – et dans quel but ?

PARTIE III – LES PRÊTRES ALGORITHMIQUES

Chapitre 11 – Le règne des possibilités

Comment les probabilités commencent à créer la réalité

« Le plus grand pouvoir n'est pas de prédire l'avenir. Le plus grand pouvoir est de créer les conditions dans lesquelles un avenir particulier devient plus probable. »

Le point de basculement caché

L'histoire du pouvoir humain connaît une transformation silencieuse mais fondamentale.
Pendant longtemps, le pouvoir a consisté à réagir aux événements.
Un souverain attendait une crise.
Un général réagissait à une attaque.
Un commerçant réagissait à un prix de marché.

L'avenir apparaissait comme quelque chose qui venait vers nous.
Quelque chose qui devait être observé, interprété et auquel il fallait répondre.

Au XXIe siècle, cette relation commence à s'inverser.
Les nouveaux systèmes n'observent plus seulement l'avenir.
Ils commencent à le pré-structurer.
Ils créent des espaces de probabilité.

Et dans ces espaces, certains développements deviennent plus probables que d'autres.

Ici commence le règne des possibilités.

Le pouvoir invisible de la probabilité

La plupart des gens comprennent le pouvoir comme une intervention directe.
Un ordre.
Une loi.
Une interdiction.
Une instruction.

Cependant, le pouvoir moderne agit de plus en plus indirectement.
Il ne change pas la décision elle-même.
Il change les conditions dans lesquelles les décisions sont prises.

Un exemple simple :
Un supermarché n'oblige personne à acheter un produit particulier.
Mais son placement dans le rayon influence la probabilité d'achat.
La décision reste libre.
La probabilité change.

Cette logique devient la structure fondamentale des systèmes algorithmiques.

L’architecture de la décision

Toute décision naît dans un environnement.
Cet environnement détermine :

- quelles informations sont visibles,
- quelles options apparaissent,
- quels risques sont perçus,
- quelles alternatives semblent concevables.

Les algorithmes façonnent précisément cet environnement.
Ils décident :

- quel message apparaît en premier,
- quelle action est recommandée,
- quel itinéraire est suggéré,
- quels produits deviennent visibles.

L’utilisateur décide.
Mais l’architecture de la décision a déjà été façonnée.

Du marché des biens au marché de l’attention

À l’ère industrielle, les entreprises rivalisaient pour les matières premières.
À l’ère de l’information, elles rivalisent pour l’attention.

L’attention possède une propriété remarquable :
Elle influence la probabilité.

Ce qui reçoit de l’attention :

- est discuté,
- est investi,
- est diffusé,
- est légitimé.

Le contrôle de l'attention devient ainsi une forme de configuration indirecte de l'avenir.

L'émergence de la société probabiliste

Les sociétés historiques s'organisaient par des règles.
Les sociétés modernes s'organisent de plus en plus par des probabilités.

Les compagnies d'assurance évaluent les risques.
Les banques évaluent les probabilités de défaut.
Les systèmes policiers analysent les schémas de risque.
Les plateformes calculent les probabilités comportementales.
Les marchés évaluent les attentes futures.

La société n'est plus régie principalement par des interdictions.
Mais par des prédictions.

Quand les prédictions créent la réalité

Nous rencontrons ici l'un des paradoxes les plus profonds de la modernité.

Une prédiction peut changer le comportement des gens.
Et ainsi influencer la prédiction elle-même.

Un exemple :
Si suffisamment d'investisseurs croient qu'un marché va monter, ils achètent.
Par leurs achats, le marché monte.
L'attente crée la réalité.

En sociologie, on parle de prophétie autoréalisatrice.
Dans le monde financier, c'est le quotidien.

La réflexivité des marchés

L'investisseur et philosophe George Soros a décrit ce mécanisme comme réflexivité.
Les gens observent le monde.
Leur observation change leur comportement.
Le comportement modifié change le monde.
Le monde, à son tour, influence l'observation.
Un cycle apparaît.

Les algorithmes modernes font de plus en plus partie de ce cycle.
Ils observent.
Ils prédisent.
Ils agissent.
Et changent ainsi les conditions de leurs propres prédictions.

La naissance de la réalité synthétique

Avec l'augmentation de la numérisation, quelque chose de nouveau se produit.
Les gens ne réagissent plus seulement à des événements physiques.
Ils réagissent à des modèles numériques de la réalité.

Les bourses réagissent aux prédictions.
Les entreprises réagissent aux classements.
Les banques réagissent aux notations.
Les politiciens réagissent aux analyses de données.

La représentation de la réalité commence à diriger la réalité elle-même.
Le modèle devient partie intégrante du système qu'il décrit.

Le pouvoir des classements (rankings)

Les classements semblent inoffensifs.
Ils ordonnent.
Évaluent.
Comparent.

Mais les classements changent le comportement.
Quand les universités sont classées, elles changent leurs stratégies.
Quand les entreprises sont évaluées, elles changent leurs priorités.
Quand les pays sont notés, les investisseurs réagissent.

Le mécanisme d'évaluation devient lui-même un acteur.
La carte commence à influencer le territoire.

Le marché comme machine du futur

Les marchés financiers sont les machines à probabilités les plus avancées de l'histoire humaine.
Chaque prix contient :

- des attentes,
- des espoirs,
- des craintes,
- des prévisions.

Le marché n'évalue pas le présent.
Il évalue des futurs possibles.

Voilà pourquoi un cours d'action n'est jamais seulement un nombre.
C'est une déclaration collective sur les probabilités.

La nouvelle élite du pouvoir

À l'ère des possibilités, une nouvelle élite émerge.
Non pas ceux qui contrôlent les événements.
Mais ceux qui peuvent façonner les probabilités.

Il s'agit notamment :

- des opérateurs de grandes plateformes,

•des développeurs de systèmes d'IA,
•des propriétaires d'infrastructures de données,
•des institutions financières,
•des architectes de modèles.

Leur pouvoir ne réside pas dans la coercition directe.
Il réside dans la capacité à structurer les espaces futurs.

Le monde financier comme laboratoire

Les marchés financiers démontrent ce changement avec une clarté particulière.
Les algorithmes analysent :

•les informations,
•la liquidité,
•le sentiment du marché,
•les signaux géopolitiques,
•les dynamiques sociales.

Sur la base de ces analyses, les flux de capitaux se déplacent.
Le capital, à son tour, change :

•les entreprises,
•les régions,
•les technologies,
•les États.

Le modèle évalue l'avenir.
L'évaluation influence les investissements.

Les investissements changent l'avenir.
La boucle se ferme.

L'émergence de réalités algorithmiques

L'économie classique partait du principe que les marchés reflètent la réalité.
Aujourd'hui, une dynamique différente émerge.
Les algorithmes commencent à co-créer la réalité.

Quand des millions de décisions reposent sur les mêmes modèles, une nouvelle force apparaît.
Non pas la prédiction d'événements individuels.
Mais la génération de dynamiques collectives.

Le marché devient de plus en plus un système autoréférentiel.

L'illusion de l'objectivité

Parce que les modèles semblent mathématiques, leurs résultats semblent objectifs.
Mais chaque modèle contient des décisions :

- Quelles données sont utilisées ?
- Quels facteurs sont pondérés ?
- Quels objectifs sont optimisés ?
- Quels risques sont ignorés ?

Le règne des possibilités ne repose donc jamais sur des probabilités neutres.
Il repose sur des architectures de probabilité définies par l'homme.

La nouvelle forme de souveraineté

Historiquement, la souveraineté signifiait :
La capacité de promulguer des lois.

À l'ère numérique, une nouvelle forme émerge.
La capacité :

- de contrôler la visibilité,
- de diriger l'attention,
- d'allouer le capital,
- d'influencer les probabilités.

La domination se déplace des règles vers les attentes.
Des ordres vers les modèles.
De l'autorité vers la probabilité.

La conséquence philosophique

Nous atteignons ici le cœur de l'ésotérisme algorithmique.
Le pouvoir ne signifie plus principalement :
Contraindre les gens.

Le pouvoir signifie :
Structurer les possibilités.

Celui qui contrôle les probabilités,
contrôle souvent les résultats,
sans jamais avoir à intervenir directement.

L'avenir semble ouvert.
Mais son paysage de probabilité a déjà été façonné.

La limite de la prédiction

Malgré tous les progrès technologiques, un facteur décisif demeure :
L'être humain.

Les humains ne sont pas des particules.
Ni des variables.
Ni des modèles parfaits.

Ils possèdent :

- la créativité,
- l'irrationalité,
- la résistance,
- la capacité de surprendre.

Toute machine de prédiction finit par rencontrer cette limite.
L'avenir reste ouvert parce que les humains restent ouverts.

Observation conclusive

Le règne des possibilités est la forme de pouvoir la plus subtile que l'histoire humaine ait jamais produite.
Il n'opère pas par la violence.
Ni par les lois.
Ni par le contrôle ouvert.

Il opère par la configuration des probabilités.
Et c'est précisément pourquoi il reste souvent invisible.

La question politique décisive du XXIe siècle n'est donc pas :
Qui contrôle le présent ?
Mais :
Qui façonne les espaces du futur possible ?

Chapitre 12 – Contrats quantiques et marchés autonomes

(suite du texte, là où il avait été interrompu)

… Ici réapparaît le motif du colonialisme économique algorithmique, déjà suggéré dans le texte d'ouverture.

La nouvelle question de la responsabilité

Les systèmes juridiques traditionnels reposent sur la responsabilité.

Celui qui prend une décision peut être tenu pour responsable.

Mais qui est responsable d'un réseau émergent de systèmes autonomes ?

- Le programmeur ?
- L'opérateur ?
- L'investisseur ?
- Le protocole ?
- Personne ?

Cette question n'a pas encore de réponse définitive.
Elle pourrait devenir l'un des débats juridiques les plus importants du XXIe siècle.

La métaphysique des marchés autonomes

À un niveau plus profond, notre compréhension de l'économie est en train de changer.
L'économie classique considérait les marchés comme des institutions humaines.

Les marchés autonomes apparaissent de plus en plus comme des écosystèmes d'information indépendants.
Ils s'observent eux-mêmes.
Ils réagissent à eux-mêmes.
Ils s'optimisent eux-mêmes.

L'économie commence à prendre les caractéristiques d'un organisme complexe.

Non conscient.
Mais autoréférentiel.

Le point de non-retour

Toute révolution technologique a un moment où elle devient irréversible.
L'industrialisation l'a atteint avec l'usine.
La numérisation avec Internet.

Le monde financier algorithmique pourrait l'atteindre avec les marchés autonomes.
À partir de ce moment, la participation humaine ne serait plus une condition préalable du système.
Mais seulement une condition aux limites.

Observation conclusive

Les contrats quantiques et les marchés autonomes marquent la transformation la plus profonde de l'organisation économique jamais réalisée.
Pour la première fois, apparaît la possibilité d'une économie dans laquelle les règles sont non seulement établies, mais continuellement exécutées, adaptées et optimisées par des machines.

La vision est fascinante.
Les risques sont considérables.

Car toute automatisation des décisions soulève la même question :
Qui détermine les objectifs que les machines suivent ?

Tant que cette question reste sans réponse, l’avenir des marchés autonomes reste ouvert.

PARTIE III – LES PRÊTRES ALGORITHMIQUES

Chapitre 13 – Le colonialisme économique algorithmique

Comment les données, les modèles et le capital créent une nouvelle géographie du pouvoir

« Le colonialisme du XIXe siècle contrôlait des territoires. Le colonialisme du XXIe siècle contrôle des probabilités. »

Une nouvelle forme d'expansion

Quand les gens entendent le mot colonialisme, ils pensent à :

- des empires,
- des flottes,
- des compagnies de commerce,
- des occupations,
- l'extraction de matières premières.

Ils pensent à une domination visible.
À des drapeaux sur des côtes étrangères.
À des soldats et des gouverneurs.

Pourtant, chaque époque développe ses propres formes d'expansion.
Le pouvoir du XXIe siècle se déplace rarement par des armées.
Il se déplace par :

- les données,
- les algorithmes,
- les flux de capitaux,
- les infrastructures numériques,
- les plateformes.

Le nouveau colonialisme ne conquiert pas de pays.
Il conquiert des espaces de décision.

La géographie de l'ancien monde

Le colonialisme historique reposait sur un principe simple :
Le contrôle des ressources.

Celui qui contrôlait l'accès à :

- l'or,
- l'argent,
- les épices,
- le pétrole,
- les routes commerciales

contrôlait la richesse.
Le pouvoir était géographique.
Il dépendait des territoires.
C'est pourquoi les cartes sont devenues des instruments de domination.
Les empires traçaient des frontières.
Et les frontières déterminaient la richesse.

La géographie du monde des données

À l'ère de l'information, la carte se déplace.
Les ressources les plus précieuses ne se trouvent plus principalement sous terre.
Elles naissent du comportement humain.

Chaque clic.
Chaque mouvement.
Chaque achat.
Chaque requête de recherche.
Chaque interaction numérique.

Ces informations deviennent des matières premières.
Non pas parce qu'elles sont précieuses isolément.
Mais parce qu'en quantités gigantesques, elles révèlent des schémas.

Les données deviennent le nouveau minerai de l'ère numérique.

La nouvelle extraction

Les empires historiques extrayaient des matières premières.
Les plateformes modernes extraient des informations.

Le mécanisme présente des parallèles étonnants.
Autrefois, les matières premières quittaient la colonie.
Aujourd'hui, les données quittent l'utilisateur.

Dans les deux cas, la valeur est créée par le traitement ailleurs.
La création de valeur réelle n'a pas lieu là où la ressource prend naissance.
Mais là où elle est analysée, combinée et monétisée.

L'économie invisible des matières premières

La plupart des gens ne se rendent pas compte qu'ils produisent des données quotidiennement.
Ils vivent :

- la communication,
- le divertissement,
- la navigation,
- la consommation.

Mais en arrière-plan, d'immenses ensembles de données sont créés.
Ces ensembles de données permettent :

- les prédictions comportementales,
- les modèles de risque,
- les analyses de marché,
- l'entraînement de l'IA,
- l'influence politique.

La matière première est fournie volontairement.
Souvent sans conscience claire de sa valeur.

La naissance des empires de modèles

Les empires historiques contrôlaient des territoires.
Les nouveaux empires contrôlent des modèles.

Un modèle possède une propriété extraordinaire.
Il peut être appliqué à des millions ou des milliards de personnes.
Un algorithme qui réussit passe à l'échelle presque sans limite.

Ainsi naît une forme de pouvoir qui transcende les frontières géographiques.
Le modèle voyage.
L'infrastructure reste.
L'impact se globalise.

Les marchés financiers comme amplificateurs

Nulle part ce mécanisme n'est plus évident que dans le système financier mondial.
Les flux de capitaux modernes suivent de plus en plus des évaluations algorithmiques.

Les modèles analysent :

- la stabilité,
- le risque,
- la croissance,
- la liquidité,
- les signaux géopolitiques.

Ensuite, les investissements se déplacent.
Non pas en raison de relations personnelles.
Non pas en raison d'une proximité culturelle.
Mais en raison d'un attrait mathématique.

Quand les modèles évaluent les pays

Ici commence la véritable transformation.
Un État n'est plus considéré principalement comme une communauté politique.
Mais comme un ensemble de données.
Comme un ensemble de variables.

Par exemple :

- taux d'inflation,
- niveaux d'endettement,
- démographie,
- prix de l'énergie,
- stabilité politique.

À partir de ces variables naissent des évaluations.
Des évaluations naissent des flux de capitaux.
Et des flux de capitaux naissent des conséquences économiques réelles.

Le pouvoir des modèles de risque

Le risque apparaît comme une catégorie objective.
En réalité, c'est une interprétation.

Chaque modèle de risque contient des hypothèses.
Ces hypothèses influencent :

- les investissements,
- les prêts,
- les taux d'intérêt,
- l'accès au capital.

Un pays peut sembler économiquement sain.
Mais si les modèles perçoivent des risques, le capital s'en va.
Le modèle lui-même devient un acteur géopolitique.

La nouvelle périphérie

Dans le colonialisme classique, il existait des centres et des périphéries.
Les matières premières allaient de la périphérie vers le centre.
La création de valeur se concentrait dans le centre.

À l'ère numérique, un schéma similaire apparaît.
Les données naissent partout.
Mais leur traitement se concentre dans quelques régions.

Là se trouvent :

- les centres de données,
- les laboratoires de recherche,
- les centres financiers,
- les infrastructures d'IA.

La périphérie numérique fournit la matière première.
Les centres numériques créent la valeur.

L'algorithme comme gouverneur

Le gouverneur historique représentait l'empire localement.
L'algorithme remplit aujourd'hui une fonction comparable.

Il décide :

- quel contenu devient visible,
- quelles entreprises sont financées,
- quels marchés semblent attractifs,
- quels risques semblent acceptables.

Ces décisions ne sont pas politiques dans leur origine.
Mais leurs effets sont politiques.

L'algorithme gère l'attention, le capital et la visibilité.

L'émergence d'une réalité asymétrique

Une caractéristique centrale des systèmes algorithmiques est leur asymétrie.
Les évalués ne voient généralement pas les modèles.
Les modélisateurs voient les évalués avec beaucoup de précision.

Cela crée un déséquilibre de pouvoir.
Historiquement, l'administrateur colonial possédait des cartes, des recensements et des statistiques.
La population locale disposait rarement des mêmes informations.

Aujourd'hui, une asymétrie d'information similaire apparaît.
La plateforme connaît mieux l'utilisateur que l'utilisateur ne connaît la plateforme.

Le règne de la corrélation

Une autre caractéristique du colonialisme économique algorithmique est que les décisions reposent de plus en plus sur des corrélations.
Non sur la compréhension culturelle.
Non sur les contextes historiques.
Non sur l'expérience humaine.
Mais sur des schémas.

Un modèle ne demande pas :
Pourquoi ce problème existe-t-il ?
Il demande :
Quelles variables sont corrélées à ce problème ?

Ce changement modifie la logique des décisions économiques.

Le capital comme flux autonome

Dans les premiers chapitres de ce livre, nous avons rencontré l'idée des marchés autonomes.
Ici, sa conséquence géopolitique devient apparente.

Le capital commence à se comporter comme un flux intelligent.
Il cherche :

- l'efficacité,
- le rendement,
- la stabilité,
- la qualité du motif.

Il ne se déplace pas selon des critères moraux.
Il suit une logique algorithmique.

Ainsi, des gagnants et des perdants apparaissent sans qu'aucun acteur individuel ne le veuille consciemment.

La nouvelle forme de dépendance

Les colonies historiques sont devenues dépendantes de puissances extérieures.
Le monde numérique crée de nouvelles dépendances.
Vis-à-vis :

- des infrastructures cloud,
- des réseaux de paiement,
- des économies de plateforme,
- des systèmes d'IA,

•des architectures de données.

Ces dépendances sont moins visibles que le contrôle militaire.
Mais elles peuvent être tout aussi profondes.

L'illusion de la neutralité

Les partisans des systèmes algorithmiques soulignent souvent leur neutralité.
L'algorithme ne discrimine pas.
Il calcule seulement.

Mais les modèles ne sont jamais complètement neutres.
Ils reflètent :

•les données,
•les objectifs,
•les pondérations,
•les hypothèses.

Chacune de ces décisions a des conséquences politiques et économiques.
La neutralité de la machine peut donc facilement devenir l'invisibilité du pouvoir.

Le nouvel extractivisme

Les empires historiques extrayaient des matières premières.

Le colonialisme économique algorithmique extrait autre chose :
Le comportement.
L'attention.
La prévisibilité.

La véritable matière première n'est plus la matière.
C'est l'avenir humain.
Car tout modèle tente en fin de compte de rendre calculable le comportement futur.

Les contre-mouvements

Comme toute structure de pouvoir, ce nouvel ordre génère aussi des résistances.
Dans le monde entier, des demandes émergent pour :

- la souveraineté des données,
- la transparence algorithmique,
- l'autodétermination numérique,
- l'infrastructure locale,
- la recherche publique en IA.

Ces mouvements comprennent que les conflits décisifs de l'avenir se livreront moins pour les territoires que pour les espaces d'information.

Le sens plus profond

Le terme « colonialisme économique algorithmique » ne doit pas être compris comme une simple accusation.
Il décrit une structure.
Une dynamique.
Un déplacement du pouvoir.

La question centrale n'est pas de savoir si certains acteurs ont de mauvaises intentions.
La question centrale est :
Quelles conséquences surviennent lorsque les systèmes mondiaux organisent le capital et l'attention selon des critères que seuls quelques-uns comprennent et contrôlent ?

Observation conclusive

Le colonialisme de l'ère industrielle contrôlait la terre.
Le colonialisme économique algorithmique contrôle les modèles.

Il n'occupe pas de territoires.
Il occupe des espaces de probabilité.

Il ne détermine pas directement ce qui se passe.
Il influence ce qui est susceptible de se produire.

Ainsi naît une forme de pouvoir plus subtile, plus mondiale et souvent plus invisible que ses prédécesseurs historiques.
Les grands conflits de l'avenir ne se livreront donc pas

seulement pour les ressources.
Mais pour les données.
Pour les modèles.
Pour la puissance de calcul.
Et pour la question de savoir qui contrôle l'architecture de la probabilité.

Chapitre 14 – La nouvelle aristocratie

Les propriétaires des probabilités

« Dans chaque époque, il existe une classe qui ne possède pas seulement la richesse, mais qui détermine les règles selon lesquelles la richesse est créée. L'aristocratie de l'ère de l'information ne possède pas de terres. Elle possède des modèles. »

La fin des anciennes élites ?

La modernité a longtemps cru en une grande narration :
Que le progrès technique dissoudrait les anciennes hiérarchies.
La démocratie devait limiter le pouvoir des rois.
Le capitalisme devait remplacer le pouvoir de la noblesse.
L'éducation devait surmonter la naissance.
La numérisation devait démocratiser le savoir.

Et effectivement, de nombreuses structures de pouvoir traditionnelles se sont affaiblies.
Mais l'histoire ne connaît pas le vide du pouvoir.
Quand une élite disparaît, une autre apparaît généralement.

La question n'est donc pas :
Existe-t-il des élites ?
Mais :
Qui forme l'élite de chaque époque ?

L'aristocratie de la terre

Au Moyen Âge, le pouvoir reposait sur la terre.
La terre signifiait :

- la nourriture,
- les impôts,
- les soldats,
- le contrôle politique.

La noblesse ne détenait pas le pouvoir parce qu'elle était plus intelligente.
Mais parce qu'elle contrôlait la ressource la plus importante de son temps.

L'ordre aristocratique était en fin de compte un ordre infrastructurel.
Celui qui contrôlait la terre contrôlait la société.

L'aristocratie du capital

Avec l'industrialisation, le pouvoir s'est déplacé.
Les usines sont devenues plus importantes que les champs.
Le capital est devenu plus important que la terre.

Une nouvelle élite est apparue :

- les industriels,
- les banquiers,
- les dynasties financières,
- les entrepreneurs.

Ils contrôlaient les moyens de production.
La possession du capital a remplacé la possession de la terre.

La logique est restée la même.
La ressource centrale détermine la classe dirigeante.

L'aristocratie de l'information

À l'ère de l'information, le pouvoir se déplace à nouveau.
La ressource décisive n'est plus principalement :

- la terre,
- les usines,
- les machines.

Mais :

- les données,
- les modèles,
- les réseaux,
- la puissance de calcul,
- l’attention.

Celui qui contrôle ces ressources obtient un avantage structurel.
Non seulement économique.
Mais aussi social et politique.

La naissance des propriétaires de modèles

Dans les chapitres précédents, nous avons vu :

- les données génèrent des modèles,
- les modèles génèrent des prédictions,
- les prédictions influencent les décisions,
- les décisions changent la réalité.

Il en résulte une nouvelle concentration du pouvoir.
Les acteurs décisifs ne sont plus de simples possesseurs de capital.
Ce sont des possesseurs de machines à prédire.
Des possesseurs d’architectures de probabilité.
Des possesseurs de réalité algorithmique.

La nouvelle forme de propriété

Historiquement, la propriété était visible.
Un château.
Une mine.
Une usine.
Un terrain.

La nouvelle aristocratie possède souvent des biens immatériels.
Par exemple :

- des données d'entraînement,
- des algorithmes,
- des plateformes,
- des modèles d'IA,
- des effets de réseau.

Ces biens possèdent une propriété extraordinaire.
Ils deviennent plus précieux à mesure que les gens les utilisent.
Ainsi naissent des structures de pouvoir auto-renforçantes.

Les mathématiques de la concentration

La richesse de la nouvelle aristocratie ne croît pas linéairement.
Elle croît exponentiellement.

Pourquoi ?
Parce que les systèmes numériques ont des économies d'échelle.
Un modèle peut servir :

- cent personnes,
- mille personnes,
- un milliard de personnes.

Les coûts n'augmentent que dans une mesure limitée.
L'impact croît énormément.

Ainsi apparaît une concentration que les systèmes économiques antérieurs ne connaissaient guère.

Les propriétaires de l'infrastructure

L'une des idées les plus importantes de ce livre est :
Le pouvoir se trouve rarement en surface.
Il se trouve dans l'infrastructure.

La nouvelle aristocratie ne contrôle souvent pas le marché visible.
Elle contrôle l'infrastructure du marché.

Cela inclut :

- les systèmes cloud,
- les plateformes d'IA,
- les réseaux de paiement,
- les centres de données,
- la production de puces,
- les architectures de trading.

Celui qui contrôle l'infrastructure contrôle les possibilités.

La nouvelle hérédité

Les aristocraties se caractérisent historiquement par l'héritage.
Les privilèges se transmettent.

Curieusement, une dynamique similaire apparaît à l'ère numérique.
Non par des titres.
Non par des lettres de noblesse.
Mais par l'accès.

Accès à :

- l'éducation,
- les données,
- le capital,
- les réseaux,
- la technologie.

Les enfants de la nouvelle élite grandissent dans un écosystème qui leur donne des avantages structurels.
La forme change.
La fonction reste familière.

L'aristocratie de la connaissance

La nouvelle élite ne possède pas seulement la richesse.
Elle possède aussi la connaissance.
Ou plus précisément :
Elle possède l'accès à des systèmes de connaissance.

Les ressources les plus importantes du XXIe siècle sont hautement complexes.
Seules quelques personnes comprennent :

- les architectures d'IA,
- l'optimisation quantique,
- les modèles financiers,
- les réseaux mondiaux de données.

Ainsi naît une asymétrie de connaissance.
Cette asymétrie devient la base du nouveau pouvoir.

La nouvelle légitimation

Toute aristocratie a besoin d'une justification.
La noblesse invoquait la naissance.
L'élite industrielle invoquait l'esprit d'entreprise.
La nouvelle aristocratie invoque la compétence.

Elle argue :
Nous contrôlons ces systèmes parce que nous les comprenons.

Cette affirmation n'est pas complètement fausse.
La complexité des systèmes modernes exige une expertise.
Mais l'expertise seule ne répond pas à la question de la légitimité.

L’invisibilité de la nouvelle noblesse

Les aristocrates historiques étaient visibles.
Ils vivaient dans des palais.
Portaient des titres.
Occupaient des fonctions publiques.

La nouvelle aristocratie est plus difficile à reconnaître.
Son pouvoir opère à travers :

- des structures de propriété,
- des participations,
- des plateformes,
- des flux de données,
- des architectures de modèles.

Elle reste souvent en arrière-plan.
C’est précisément pourquoi elle est rarement perçue comme une aristocratie.

L’avènement de l’ordre techno-féodal

Certains penseurs politiques utilisent aujourd’hui le terme « techno-féodalisme ».
Il désigne l’idée que les plateformes numériques remplissent des fonctions similaires à celles des seigneurs féodaux.

L’analogie n’est pas parfaite.
Mais elle pointe vers quelque chose d’important.

Beaucoup de gens évoluent dans des territoires numériques qui ne leur appartiennent pas.
Ils travaillent.
Communiquent.
Commercent.
Consomment.

Mais l'infrastructure appartient à d'autres.

L'aristocratie financière du futur

Ce développement devient particulièrement évident dans la haute finance.

Celui qui, à l'avenir, possédera :

- l'optimisation quantique,
- des prévisions assistées par IA,
- des sources mondiales de données,
- des systèmes de trading autonomes,

détiendra un avantage structurel.
Cet avantage génère :

- des profits plus élevés,
- de meilleures données,
- de meilleurs modèles,
- des profits encore plus élevés.

Un cycle apparaît.
L'aristocratie se reproduit elle-même.

Le danger d’une élite fermée

Toute élite est confrontée à la même tentation.
S’isoler.
Sécuriser ses avantages.
Limiter l’accès.
Réduire la concurrence.

Quand la nouvelle aristocratie commence à contrôler simultanément la connaissance, l’infrastructure et le capital, un risque apparaît.
Pas nécessairement la tyrannie.
Mais la rigidification.

La dynamique sociale dépend de la capacité de nouveaux acteurs à s’élever.

Les forces de contrepoids

L’histoire n’est jamais unilatérale.
Toute concentration de pouvoir est suivie de contre-mouvements.

À l’ère numérique, ceux-ci pourraient naître par :

- des initiatives open source,
- la recherche publique,
- des réseaux décentralisés,
- la transparence algorithmique,
- des droits numériques fondamentaux.

Ces forces tentent de rendre l’infrastructure du futur plus largement accessible.

La véritable question

L’existence d’une élite n’est historiquement pas nouvelle.
Nouvelle est la nature de son pouvoir.

La nouvelle aristocratie ne contrôle pas principalement les personnes.
Elle contrôle :

- les flux d’information,
- les modèles,
- les probabilités,
- l’attention,
- l’infrastructure numérique.

Ainsi elle contrôle les conditions dans lesquelles les décisions naissent.

Observation conclusive

L’aristocratie du XXIe siècle ne porte pas de couronnes.
Elle n’a pas de blasons.
Elle gouverne rarement par des ordres directs.

Son pouvoir est plus profond.
Elle possède les systèmes qui déterminent ce qui devient visible.
Elle possède les modèles qui évaluent les risques.
Elle possède l’infrastructure sur laquelle reposent les marchés, la communication et la connaissance.

Elle n'est pas un retour de la vieille noblesse.
Elle est sa mutation algorithmique.

Une aristocratie des données.
Une aristocratie des modèles.
Une aristocratie de la probabilité.

Partie V : Au-delà de l'ésotérisme algorithmique

Chapitre 15 – La fragilité de la machine parfaite

Pourquoi les systèmes les plus puissants de l'histoire pourraient être aussi les plus vulnérables

« Plus un système devient parfait, moins il a de place pour les surprises. Et c'est précisément là qu'attend la catastrophe. »

Le rêve de l'ordre parfait

Depuis le début de la civilisation, l'être humain poursuit un rêve ancien.
La création d'un ordre parfait.
Un ordre sans :

- chaos,
- incertitude,
- erreur,
- gaspillage,
- crises.

Les prêtres voulaient apaiser les dieux.
Les rois voulaient des empires stables.
Les bureaucraties voulaient une administration prévisible.
Les économistes voulaient des marchés efficients.
Les informaticiens veulent des systèmes optimaux.

Encore et encore, la même vision apparaît :
Si nous rassemblons assez de connaissances, nous pourrons maîtriser le monde.

L'accomplissement du rêve ancien

À l'ère algorithmique, ce rêve semble plus tangible que jamais.
Nous disposons :

- de réseaux de données mondiaux,
- de l'intelligence artificielle,
- de l'optimisation quantique,
- de marchés autonomes,
- d'analyses en temps réel.

Jamais auparavant une civilisation n'avait pu s'observer à ce point.
Jamais auparavant elle n'avait pu modéliser ses processus avec une telle précision.
Jamais auparavant elle n'avait pu prendre des décisions aussi rapidement.

Et c'est précisément là que commence le paradoxe.

Pourquoi les systèmes parfaits se brisent

Les systèmes complexes échouent rarement à cause de leurs faiblesses.
Ils échouent souvent à cause de leurs forces.

Un système est optimisé.
Toujours plus.
Toujours plus précisément.
Toujours plus efficacement.
Jusqu'à ce que toute réserve disparaisse.
Jusqu'à ce que toute redondance apparaisse comme un gaspillage.
Jusqu'à ce que tout retard soit éliminé.

Alors un petit choc suffit.
Et le système réagit de façon disproportionnée.

La leçon de la nature

La nature ne fonctionne pas selon l'efficacité maximale.
Elle fonctionne selon la résilience.

Les forêts possèdent :

•des chevauchements,
•des redondances,
•la diversité,
•des structures apparemment inefficaces.

Ces propriétés semblent dispendieuses.
Mais elles assurent la survie.

Une forêt résiste aux tempêtes parce qu'elle n'est pas parfaitement optimisée.
Elle a une marge de manœuvre.

La logique de la machine

Les algorithmes pensent différemment.
Ils cherchent :

- la minimisation,
- l'optimisation,
- l'efficacité,
- la vitesse.

Ce qui n'est pas nécessaire est supprimé.
Ce qui génère des coûts est réduit.
Ce qui est lent est accéléré.

Dans des paramètres étroits, cela produit des résultats impressionnants.
Mais à long terme, la même logique peut générer de la fragilité.

Le monde financier comme signal d'alarme

L'histoire financière moderne fournit de nombreux exemples.
Avant chaque grande crise existait une conviction répandue :
Le système est devenu plus stable.

Avant 1987.
Avant 1998.
Avant 2008.
Avant de nombreux flash crashes.

Encore et encore, les experts croyaient avoir mieux compris les risques.
Et encore et encore, de nouveaux risques apparaissaient à des endroits inattendus.
Non pas malgré les modèles.
Mais en partie à cause d'eux.

L'illusion du contrôle

Plus les données deviennent disponibles, plus l'illusion du contrôle grandit.
Les gens commencent à croire :

- Tout est mesurable.
- Tout est modélisable.
- Tout est prévisible.

Mais les modèles ne génèrent pas seulement de la connaissance.
Ils génèrent aussi de l'excès de confiance.
Et l'excès de confiance est l'une des forces les plus dangereuses des systèmes complexes.

L'homogénéisation de la pensée

L'un des plus grands dangers des systèmes algorithmiques réside dans leur homogénéisation.

Quand des millions de participants au marché utilisent les mêmes modèles,

ils voient les mêmes signaux.
Évaluent les mêmes risques.
Prennent des décisions similaires.

À court terme, la stabilité apparaît.
À long terme, la vulnérabilité apparaît.
Parce que la diversité disparaît.

La catastrophe de la synchronisation

Les marchés historiques consistaient en acteurs divers.
Les gens réagissaient différemment.
À des vitesses différentes.
Avec des croyances différentes.

Les systèmes modernes synchronisent les comportements.
Quand de nombreux algorithmes réagissent simultanément, des boucles de rétroaction apparaissent.
Un petit mouvement est amplifié.
Une amplification génère d'autres réactions.
Un cycle apparaît.

Le résultat peut être des mouvements extrêmes du marché.

Le flash crash quantique

Dans le texte d'ouverture de ce livre, la possibilité de ce qu'on appelle des *quantum flash crashes* a été décrite. Que ce terme soit techniquement établi à l'avenir ou non, il pointe vers une préoccupation réelle.

Plus les systèmes deviennent complexes et rapides, plus le temps entre cause et effet se raccourcit. L'intervention humaine devient de plus en plus impossible.

Le marché réagit plus vite que les humains ne peuvent même reconnaître ce qui se passe.

La tyrannie de l'optimisation

Toute optimisation a un objectif.
Et c'est précisément là son problème.

Car le monde ne poursuit jamais un seul objectif.
Un système financier doit être à la fois :

- efficient,
- stable,
- juste,
- innovant,
- résilient.

Si l'on n'optimise que l'efficacité,
d'autres propriétés sont affaiblies.

La machine parfaite peut donc détruire ses propres fondements.

Le cygne noir

L'essayiste et théoricien du risque Nassim Nicholas Taleb a forgé le concept de « cygne noir ».
Il désigne des événements

- rares,
- qui semblent difficiles à prévoir,
- ayant des conséquences énormes.

La plus grande faiblesse de nombreux modèles est qu'ils reposent sur des schémas connus.
Mais le cygne noir vit en dehors des schémas connus.

C'est là que s'arrête le pouvoir de la prédiction.

Le retour de l'inconnu

L'ère algorithmique tente de réduire l'incertitude.
Mais l'incertitude ne disparaît pas.
Elle se déplace.

Quand les risques connus sont mieux contrôlés, les risques inconnus émergent plus fortement.

L'histoire des systèmes complexes montre :
Toute incertitude résolue génère de nouvelles incertitudes.

La frontière du savoir se déplace.
Elle ne disparaît pas.

L’émergence comme angle mort

Les développements les plus dangereux ne résultent souvent pas d’erreurs.
Mais d’interactions.

Un seul algorithme peut fonctionner parfaitement.
Des milliers d’algorithmes fonctionnant correctement peuvent pourtant générer ensemble de l’instabilité.

Nous rencontrons ici le principe d’émergence.
Le système global développe des propriétés
qui n’étaient contenues dans aucune de ses parties individuelles.
Personne ne les a planifiées.
Personne ne les contrôle complètement.
Et pourtant elles apparaissent.

La vulnérabilité de l’infrastructure

La nouvelle aristocratie contrôle :

- les données,
- les modèles,
- les réseaux,
- les centres de données.

Mais c’est précisément cette concentration qui génère de la vulnérabilité.

Plus un système devient central,
plus les conséquences de sa défaillance sont grandes.

Un seul nœud peut avoir des effets sur :

- les marchés,
- la communication,
- les chaînes d'approvisionnement,
- les systèmes financiers.

La force de l'interconnexion devient la source de nouveaux risques.

La variable humaine

Dans tous les scénarios futurs de ce livre, la même limite apparaît encore et encore.
L'être humain.

Les humains n'agissent pas complètement rationnellement.
Ils surprennent.
Ils contredisent les attentes.
Ils changent les règles.
Ils se rebellent.

Du point de vue de nombreux modèles, ces propriétés apparaissent comme des perturbations.
En réalité, elles constituent souvent la source la plus importante de l'adaptabilité sociale.

L'illusion de l'infaillibilité

Tout ordre de pouvoir finit par développer la croyance en sa propre stabilité.
Les empires croyaient en leur éternité.
Les monarchies croyaient en leur légitimité.
Les idéologies croyaient en leur vérité.

Les systèmes algorithmiques peuvent aussi succomber à cette tentation.
La conviction :
Le modèle sait mieux.

Mais c'est précisément là que le danger commence.
Pas dans la technologie.
Mais dans la croyance en son infaillibilité.

La sagesse de l'imperfection

La leçon la plus importante des systèmes complexes réside peut-être dans une idée surprenante :
La perfection n'est pas toujours un avantage.

Certaines erreurs sont utiles.
Certains détours sont précieux.
Certaines inefficacités créent de la résilience.

La nature l'a appris pendant des milliards d'années.
La civilisation numérique commence seulement à comprendre cette leçon.

La conséquence philosophique

Le plus grand défi du XXIe siècle pourrait ne pas être de construire de meilleurs modèles.
Mais d'accepter les limites.

Reconnaître que :

- la connaissance reste limitée,
- les prédictions restent incertaines,
- les systèmes restent capables d'être surpris.

L'avenir peut être influencé.
Mais jamais complètement possédé.

Observation conclusive

La machine parfaite est la grande promesse de l'ère algorithmique.
Un système
qui voit tout,
calcule tout,
optimise tout.

Mais cette vision même contient sa propre contradiction.
Car plus l'optimisation est large,
plus grand est le danger
que le système perde sa capacité à faire face à l'inattendu.

L'avenir n'appartient donc probablement pas aux systèmes les plus parfaits.

Mais aux plus résilients.
Pas aux plus rapides.
Mais aux plus adaptables.
Pas aux machines omniscientes.
Mais aux sociétés qui ont appris à vivre avec l'incertitude.

Chapitre 16 – Le grand découplage

Quand les marchés, les machines et les humains ne suivent plus la même réalité

« La plus grande révolution ne se produit pas quand les machines deviennent plus intelligentes. Elle se produit quand leur logique commence à se détacher de la logique humaine. »

Le moment de la séparation

Toute civilisation repose sur une hypothèse fondamentale :
Que ses institutions centrales servent en dernier ressort les besoins des humains.
Les marchés existent pour distribuer les biens.
Les banques existent pour fournir du capital.
Les gouvernements existent pour organiser les sociétés.
Les technologies existent pour étendre les capacités humaines.

Mais que se passe-t-il lorsque ce lien s'affaiblit ?
Quand les systèmes continuent de fonctionner –
mais qu'il devient de plus en plus difficile de
comprendre à qui ils servent réellement ?

Ici commence le grand découplage.

L'unité historique

Pendant des millénaires, l'économie et la société ont été étroitement liées.
Un paysan produisait de la nourriture.
Un artisan fabriquait des outils.
Un commerçant échangeait des biens.

Le lien entre travail, valeur et richesse était visible.
Pas toujours juste.
Pas toujours efficace.
Mais fondamentalement compréhensible.

Les gens pouvaient reconnaître comment l'activité économique était liée à leur vie.

Le premier découplage : le capital financier

Avec l'industrialisation a commencé la première grande prise de distance.
Le capital est devenu de plus en plus abstrait.
Actions.
Obligations.

Produits dérivés.
Produits financiers.

La richesse n'était plus exclusivement liée à la production physique.
Le monde financier a développé ses propres dynamiques.

Pourtant, il est resté finalement connecté à l'économie réelle.
Les usines continuaient à produire des biens réels.

Le deuxième découplage : la numérisation

La révolution numérique a accéléré ce processus.
La valeur est née de plus en plus de :

- logiciels,
- réseaux,
- données,
- plateformes,
- attention.

Une entreprise pouvait valoir des milliards sans posséder de grands actifs physiques.
Le lien entre production matérielle et valorisation boursière s'est affaibli.
Le marché a commencé à valoriser les attentes plus que la réalité présente.

Le troisième découplage : l'algorithmisation

Avec l'essor des systèmes algorithmiques, un nouveau stade apparaît.
Les machines n'agissent pas sur la base de récits humains.
Elles agissent sur la base de :

- motifs,
- probabilités,
- corrélations,
- fonctions d'optimisation.

Pour un algorithme, une histoire n'a pas de signification.
Une nation n'a pas d'identité.
Une tradition n'a pas de valeur intrinsèque.
Seuls existent des points de données.

Le langage des marchés commence à se détacher du langage des humains.

Deux réalités émergent

Le monde moderne développe de plus en plus deux réalités parallèles.

La réalité humaine
Elle consiste en :

- expériences,
- espoirs,
- peurs,

- identités,
- significations culturelles.

La réalité algorithmique
Elle consiste en :

- ensembles de données,
- probabilités,
- fonctions d'optimisation,
- modèles,
- corrélations.

Pendant longtemps, les deux mondes se sont chevauchés.
Aujourd'hui, ils s'éloignent.

Le marché ne comprend pas les histoires

Les humains pensent en histoires.
Les machines pensent en motifs.

Une société se raconte :
Nous investissons dans notre avenir.
Un modèle enregistre :
Rendement attendu : 3,7 %.

Un pays se décrit comme une communauté culturelle.
Un algorithme évalue :
Profil de risque élevé.

Ici apparaît une différence fondamentale.
La machine réduit le sens à la calculabilité.

Le découplage du capital

Aujourd'hui, le capital se déplace avec une vitesse et une flexibilité que les sociétés historiques n'ont jamais connues.
En quelques secondes, il peut :

- quitter des marchés,
- changer de devise,
- redistribuer les risques,
- sauter des continents.

Les humains, en revanche, restent :

- locaux,
- culturellement enracinés,
- institutionnellement liés.

Le capital se globalise.
Les humains restent physiques.
Les intérêts des deux commencent à diverger.

Le découplage du travail

Une autre dimension apparaît dans le monde du travail.
Traditionnellement, le revenu provenait de la participation à la création de valeur.

L'économie numérique est en train de modifier cette relation.
Des valeurs de plus en plus grandes naissent par :

- l'automatisation,
- le passage à l'échelle,
- les effets de plateforme,
- les systèmes d'IA.

La productivité augmente.
Mais pas nécessairement la participation sociale.
La richesse et le travail s'éloignent l'un de l'autre.

Le découplage de l'information

Dans les sociétés antérieures, l'information était rare.
Aujourd'hui, elle est surabondante.

Paradoxalement, cela ne crée pas une réalité partagée.
Mais de nombreuses réalités parallèles.

Les algorithmes personnalisent l'information.
Chacun voit un monde différent.
Chacun reçoit des signaux différents.

Cela rend l'entendement collectif plus difficile.
La société perd sa base d'information commune.

Le découplage de la responsabilité

Les décisions historiques avaient des auteurs identifiables.
Un roi décidait.
Un parlement statuait.
Un conseil d'administration approuvait.

Les systèmes algorithmiques brouillent cette attribution.
Les décisions naissent de :

- modèles,
- ensembles de données,
- processus d'optimisation,
- réseaux.

La responsabilité devient diffuse.
L'action reste visible.
L'acteur disparaît.

Le découplage de la démocratie

La démocratie repose sur un principe simple :
Les gens devraient avoir une influence sur les forces qui déterminent leur vie.

Mais de nombreux systèmes décisifs échappent de plus en plus au contrôle démocratique classique.
Par exemple :

- les flux mondiaux de capitaux,
- les architectures de plateforme,
- les modèles d'IA,
- les algorithmes financiers.

La sphère politique perd de l'influence sur des processus qui interviennent profondément dans la société.
Cela génère des tensions.

Le découplage du temps

Les humains vivent dans le temps biologique.
Les marchés vivent dans le temps algorithmique.

Un humain pense en :

- jours,
- mois,
- années.

Un algorithme opère en :

- millisecondes,
- microsecondes,
- nanosecondes.

Les échelles de temps commencent à différer.
Ce qui est présent pour les humains apparaît déjà comme passé pour les machines.

Le découplage de la connaissance

Les systèmes modernes deviennent de plus en plus complexes.
Seuls quelques spécialistes comprennent leur architecture.

Ainsi apparaît un nouveau fossé.
La majorité utilise les systèmes.
Une minorité les comprend.

Cette asymétrie de connaissance rappelle les époques antérieures :

•les prêtres comprenaient les rituels,
•les érudits comprenaient les écritures,
•les experts comprennent les algorithmes.

L'ordre de la connaissance redevient hiérarchique.

La conséquence psychologique

Beaucoup de gens ressentent intuitivement le grand découplage.
Ils vivent :

•l'incertitude économique,
•la méfiance institutionnelle,
•le dépassement technologique.

Mais souvent le langage pour décrire ces expériences manque.
Le sentiment est :
Le monde est mû par des forces que je ne peux ni voir ni influencer.

Ce sentiment même constitue le noyau émotionnel de l'ésotérisme algorithmique.

Le retour du mythologique

Paradoxalement, la rationalisation extrême conduit souvent à de nouveaux mythes.
Quand les systèmes deviennent trop complexes, des récits apparaissent.
Des conspirations.
Des promesses de salut.
Des religions technologiques.

Les gens cherchent du sens là où la transparence manque.
La boîte noire devient la chambre des mystères moderne.

La question du rôle humain

Le grand découplage pose en fin de compte une question existentielle.
Quel rôle joue l'être humain dans un ordre de plus en plus analysé, optimisé et contrôlé par des machines ?

Est-il :

- utilisateur ?
- propriétaire ?
- fournisseur de matière première ?
- décideur ?
- observateur ?

La réponse est encore ouverte.

La possibilité de reconnexion

Le découplage n'est pas une loi naturelle.
C'est le résultat de décisions.

Les sociétés peuvent créer de nouvelles connexions :

- contrôle démocratique,
- transparence algorithmique,
- recherche publique,
- éducation numérique,
- réformes institutionnelles.

La question n'est pas de savoir si la technologie doit exister.
La question est de savoir comment elle est intégrée dans les objectifs humains.

Le sens plus profond

Le grand découplage ne décrit pas la victoire de la machine sur l'humain.
Il décrit une distance croissante entre différentes logiques.

Entre :

- sens et calcul,
- culture et optimisation,
- expérience et données,
- humain et modèle.

Plus cette distance est grande,
plus le défi pour les sociétés modernes est grand.

Observation conclusive

La révolution algorithmique ne change pas seulement les marchés.
Elle change la relation entre l'être humain et la réalité.

Pour la première fois apparaît la possibilité que les systèmes les plus importants de notre civilisation fonctionnent selon des règles qui sont efficaces mais plus intuitivement compréhensibles.

Ainsi devient visible la tâche politique centrale du XXIe siècle :
Non pas empêcher le progrès technologique.
Mais rétablir une connexion entre les valeurs humaines et le pouvoir des machines.

Car une société ne peut rester stable à long terme que si ses gens comprennent pourquoi le monde fonctionne comme il fonctionne.

Chapitre 17 – La constitution des algorithmes

Qui écrit les règles quand les règles elles-mêmes agissent

« Autrefois, les lois limitaient les personnes. Aujourd'hui, les lois doivent limiter des systèmes qui sont plus rapides que toute institution. »

Le moment où le droit ne suffit plus

Les systèmes juridiques sont parmi les plus anciennes technologies de l'humanité.
Ils reposent sur une hypothèse simple :
Que les actions sont compréhensibles.

Une loi décrit :

- ce qui est permis,
- ce qui est interdit,
- ce qui se passe en cas de conflit.

Mais cette structure présuppose quelque chose :
Le temps.
Du temps pour l'interprétation.
Du temps pour les procédures.
Du temps pour l'opposition.

Les systèmes algorithmiques réduisent précisément ce temps.
Ils agissent en millisecondes.
Ils réagissent en temps réel.
Et ils changent les états avant même qu'une procédure judiciaire puisse commencer.

La constitution classique du monde

La démocratie moderne repose sur des constitutions.
Une constitution n'est pas une loi au sens étroit.
C'est un cadre.

Elle définit :

•les droits fondamentaux,
•la limitation du pouvoir,
•l'équilibre institutionnel,
•la séparation des pouvoirs.

Elle est lente.
Volontairement lente.
Parce que la stabilité naît du retard.

La nouvelle question : qu'est-ce qu'une constitution pour machines ?

Quand les systèmes commencent à agir de manière autonome,
une nouvelle question se pose :
Quelles règles s'appliquent à des acteurs qui ne sont pas humains ?

Un algorithme ne connaît pas la morale.
Pas d'intention.
Pas de responsabilité au sens classique.
Il optimise.
Toujours.
Continuellement.
Sans pause.

L'émergence de constitutions implicites

Dans le monde numérique actuel, il existe déjà des « constitutions invisibles ».

Elles ne sont pas codifiées dans un seul document.
Elles naissent de :

- règles des plateformes,
- structures API,
- données d'entraînement,
- protocoles de sécurité,
- cadres réglementaires,
- incitations économiques.

Ces éléments déterminent collectivement ce que les systèmes peuvent faire et ce qu'ils feront effectivement.
Mais personne ne les a conçus comme un tout.

Le code comme loi

Un changement central des dernières décennies est :
Le code remplace de plus en plus les ensembles de règles.

Quand un contrat intelligent est exécuté, ce n'est pas :
« Le tribunal décidera plus tard. »
Mais :
« Le code décide immédiatement. »

Ainsi, le droit passe de :
interprétation → exécution

Un algorithme implémenté n'est pas seulement une proposition.
C'est une action.

L’irréversibilité des règles numériques

Une loi classique peut être modifiée.
Un tribunal peut l’interpréter.
Un parlement peut la réformer.

Un système algorithmique est souvent plus difficile à modifier.
Pourquoi ?

- Les systèmes sont en réseau.
- Les changements ont des effets en cascade.
- Les mises à jour nécessitent une coordination.
- Les erreurs peuvent avoir des conséquences mondiales.

Ainsi naît une nouvelle forme d’inertie institutionnelle.
Non par la bureaucratie.
Mais par la complexité technique.

La constitution des plateformes

Les grandes plateformes numériques possèdent déjà aujourd’hui des structures de type constitutionnel.
Elles définissent :

- la visibilité (algorithmes de classement),
- les conditions de participation (règles d’utilisation),
- la participation économique (monétisation),
- les sanctions (déplateformisation, blocages).

Ces règles fonctionnent comme des lois.
Mais elles sont conçues privatiquement.
Et modifiées à tout moment.

La séparation algorithmique des pouvoirs

Dans les démocraties classiques, il existe une séparation des pouvoirs :

- législatif (lois),
- exécutif (exécution),
- judiciaire (interprétation).

Dans les systèmes algorithmiques, ces fonctions s'estompent.
Un système peut simultanément :

- définir des règles (par optimisation),
- les appliquer (par exécution),
- et les « interpréter » (par adaptation du modèle).

La séparation des pouvoirs devient techniquement floue.

La nécessité de nouveaux organes de contrôle

Quand les systèmes deviennent plus autonomes, une nouvelle catégorie d'institutions apparaît :

- autorités de supervision algorithmique,
- auditeurs de modèles,
- conseils d'éthique des données,

•systèmes de conformité IA.

Leur tâche ne serait pas seulement le contrôle.
Mais la traduction :
Entre la norme humaine et la logique de la machine.

L'idée d'une constitution algorithmique

Une réponse possible à la complexité émergente est l'idée d'une « constitution des algorithmes ».
Elle ne serait pas un document unique.
Mais un système de principes tels que :

•obligations de transparence pour les modèles critiques,
•traçabilité des décisions,
•limitation des objectifs d'optimisation,
•obligation de permettre l'intervention humaine,
•documentation des sources de données d'entraînement,
•mécanismes d'audit pour les risques systémiques.

Mais ces principes doivent être implémentés techniquement.
Pas seulement formulés juridiquement.

Le problème de la traduction

Le droit est linguistique.
Les algorithmes sont mathématiques.
Entre les deux se trouve un fossé.

Quand une loi dit :
« La discrimination est interdite. »
un système doit définir :

- Qu'est-ce que la discrimination dans les données ?
- Comment est-elle mesurée ?
- Quels seuils s'appliquent ?
- Quelles variables sont pertinentes ?

Toute traduction change le contenu.
Ainsi naît un nouveau champ de pouvoir :
L'interprétation des normes dans le code.

La législation invisible

Dans le monde algorithmique, les règles naissent souvent sans débat démocratique.
Par le biais :

- de normes techniques,
- de décisions d'entreprise,
- d'architectures de modèles,
- d'incitations de marché.

Ces processus semblent neutres.
Mais ils ne le sont pas.
Parce que toute architecture décide implicitement de :

- l'accès,
- la visibilité,
- la participation,
- le risque,

•les opportunités.

La question de la légitimité

Dans les États classiques, le principe est :
Les lois sont légitimes si elles ont été décidées démocratiquement.

Mais qu'est-ce qui légitime un algorithme ?

•Son efficacité ?
•Sa précision ?
•Son impact économique ?
•Sa supériorité technique ?

Ou faudrait-il de nouveaux critères ?
Cette question est encore sans réponse.
Et elle deviendra centrale pour l'avenir des systèmes politiques.

Les limites du contrôle

Même si une constitution pour les algorithmes existait, un problème subsisterait :
La complexité.

Plus les systèmes deviennent complexes,
plus le contrôle complet devient difficile.
Même les développeurs ne comprennent souvent plus toutes les propriétés émergentes de leurs modèles.
La constitution rencontre donc une cible mouvante.

Le danger du pseudo-contrôle

Un scénario particulièrement risqué apparaît lorsque le contrôle n'est que simulé.
Par exemple :

- des rapports d'audit sans profondeur,
- la conformité comme formalité,
- la transparence comme marketing,
- l'éthique comme outil de relations publiques.

Alors apparaît une illusion de sécurité.
Pendant que la complexité réelle continue de croître.

La dimension géopolitique

La question de la constitution algorithmique n'est pas seulement technique.
Elle est géopolitique.

Les pays et les régions rivalisent pour :

- l'infrastructure d'IA,
- l'accès aux données,
- la puissance de calcul,
- le leadership dans les modèles.

Celui qui détermine les règles des systèmes détermine indirectement les rapports de force mondiaux.

Le retour du concept de souveraineté

Au fond, il s'agit d'une vieille question :
Qui est souverain ?

Autrefois, c'était le roi.
Puis l'État.
Puis le marché.

Aujourd'hui, une nouvelle possibilité apparaît :
Que la souveraineté passe en partie à des systèmes qui ne sont ni clairement étatiques ni clairement privés.

La constitution comme système vivant

Une vision future possible est une « constitution dynamique ».
Elle ne serait pas un document statique,
mais un système adaptatif :

- révisé en continu,
- surveillé algorithmiquement,
- corrigé humainement,
- intégré institutionnellement.

Elle tenterait de connecter
la vitesse des machines
avec la lenteur de la démocratie.

Observation conclusive

La constitution des algorithmes n'est pas une question juridique marginale.
C'est le défi politique central d'un monde
où les décisions sont de plus en plus prises par des systèmes non humains.

Le changement décisif est :
Ce ne sont plus seulement les humains qui ont besoin d'être protégés contre le pouvoir.
Mais les humains ont aussi besoin d'être protégés contre la logique de leurs propres systèmes.

Car toute technologie
qui prend des décisions
porte déjà en elle une forme de constitution.
La seule question est :
Qui l'a écrite ?

Chapitre 18 – Au-delà de l'ésotérisme algorithmique

Quand les machines ne semblent plus mystiques mais deviennent naturelles

« Le secret ne disparaît pas quand nous le comprenons. Il disparaît quand nous cessons de le traiter comme un secret. »

La fin de l'ésotérisme

Le terme « ésotérisme algorithmique » est né dans ce livre d'une observation :
Plus les systèmes deviennent complexes, plus ils commencent à sembler mystiques aux humains.

- Les marchés bougent sans cause apparente.
- Le capital circule apparemment « intelligemment ».
- Les modèles décident sans logique explicable.
- Les systèmes réagissent plus vite que la perception humaine.

Ce qui n'est pas compris est souvent interprété mythiquement.
Mais là se trouve un point de basculement décisif :
L'ésotérisme n'est pas un état des systèmes.
C'est un état de la perception.

Le désenchantement de la boîte noire

Dans les chapitres précédents, le monde apparaissait de plus en plus opaque :

- contrats quantiques,
- marchés autonomes,
- aristocraties algorithmiques,
- réalités découplées,
- constitutions des machines.

Tout cela créait l'impression d'une « seconde réalité » derrière le monde visible.
Mais cette seconde réalité n'est pas cachée.
Elle est seulement distribuée.

La complexité n'est pas un mystère

Une erreur centrale de la perception moderne est :
« Complexe = mystérieux ».

En réalité :
La complexité est souvent explicable – mais pas intuitivement saisissable.

Un modèle météorologique n'est pas un mystère.
Un réseau de neurones n'est pas un oracle.
Un système financier n'est pas une entité consciente.

Ce sont :

- des systèmes de nombreuses interactions,
- des boucles de rétroaction,
- des processus statistiques,
- des structures optimisantes.

La sensation du mystique apparaît là où finit l'intuition humaine.
Pas là où la vérité est cachée.

La troisième phase : normalisation de l'IA

Toute révolution technologique traverse trois phases :

1.Choc
« C'est incompréhensible. »
2.Mythologisation
« C'est surhumain. »
3.Normalisation
« C'est de l'infrastructure. »

L'électricité fut autrefois magique.
Internet fut autrefois révolutionnaire.

L'IA et les systèmes financiers algorithmiques se situent actuellement entre la phase 2 et la 3.
Ce livre a volontairement rendu visible la phase de mythologisation.
Maintenant commence sa dissolution.

Le retour de la mécanique

Quand les systèmes sont complètement intégrés, ils disparaissent de la conscience.
Personne ne pense aux réseaux électriques en allumant une lumière.
Personne ne pense aux protocoles de routage en envoyant un message.
Personne ne pense à l'infrastructure du marché en faisant du trading.

Il en sera de même pour les systèmes algorithmiques.
Ils ne disparaîtront pas.

Ils deviendront invisibles.
Parce qu'ils fonctionnent.

La dissolution des « forces invisibles »

Le texte d'ouverture de ce livre parlait de :
forces invisibles qui dirigent les flux financiers mondiaux

Mais après le voyage à travers les chapitres, il devient clair :
Ces forces ne sont pas invisibles parce qu'elles sont cachées.
Mais parce qu'elles sont distribuées :

- dans les centres de données,
- dans les modèles,
- dans les structures de marché,
- dans les systèmes réglementaires,
- dans le comportement humain.

Il n'y a pas de centre de contrôle.
Il n'y a que des réseaux de décisions.

La fin du « mythe quantique »

Le terme « trading quantique » semblait aussi dans le texte d'ouverture comme une transition vers le mystique.
Mais la réalité est moins métaphysique :

•le calcul quantique est expérimental,
•de nombreuses procédures « inspirées du quantique » sont des optimisations classiques,
•la véritable révolution réside dans les données, la mise à l'échelle et la vitesse.

Ce qui semble « surnaturel » n'est souvent que :
une technologie conventionnelle dans des dimensions extrêmes.

La véritable transformation : vitesse + mise à l'échelle

La véritable révolution des systèmes financiers et d'IA n'est pas leur caractère mystérieux.
Mais :

•la vitesse,
•le parallélisme,
•le volume de données,
•l'interconnexion.

Quand un système réagit plus vite que la perception humaine,
il apparaît automatiquement comme « non plus humain ».
Mais c'est une illusion épistémique.

L'humain comme machine interprétative

Les humains ont tendance à personnaliser les causes.
Quand quelque chose fonctionne, nous demandons :

- Qui est derrière ?
- Qui contrôle cela ?
- Qui en profite ?

Mais de nombreux systèmes modernes n'ont pas d'intention centrale.
Ils naissent de :

- l'optimisation locale,
- décisions décentralisées,
- effets émergents.

Le résultat semble intentionnel.
Mais il ne l'est pas nécessairement.

La démystification du pouvoir

Une conclusion centrale de ce livre est :
Le nouveau pouvoir n'est pas secret.
Il est structurel.

Il consiste en :

- décisions architecturales,
- accès aux données,
- paramètres de modèles,
- contrôle de l'infrastructure,
- dynamiques de rétroaction.

Celui qui comprend ces structures reconnaît :
Il n'y a pas de « contrôleur caché ».
Il n'y a que différents niveaux d'influence.

La nouvelle compétence : la pensée systémique

Dans un monde de systèmes algorithmiques, la compétence la plus importante se déplace :
Ce n'est plus l'intuition sur les événements individuels.
Mais la compréhension des systèmes.

Celui qui veut comprendre le monde doit apprendre :

- à reconnaître les boucles de rétroaction,
- à analyser les systèmes d'incitation,
- à lire les flux de données,
- à remettre en question les hypothèses des modèles,
- à comprendre les économies d'échelle.

La pensée systémique remplace le mystère.

La nouvelle responsabilité

Quand les systèmes deviennent explicables, la responsabilité ne disparaît pas.
Au contraire :
Elle devient plus concrète.

Parce qu'alors devient visible :

- quelles décisions ont été prises,
- quels paramètres ont été choisis,

•quels objectifs sont optimisés,
•quels risques ont été acceptés.

La transparence n'est pas une question technique.
C'est une décision politique.

La dernière illusion : le contrôle

L'un des thèmes centraux de ce livre était la question du contrôle.
Mais à la fin, il apparaît :
Le contrôle n'a jamais été absolu.
Ni dans les systèmes humains.
Ni dans les systèmes algorithmiques.

La question n'est pas :
Qui contrôle tout ?
Mais :
Où des points d'intervention sont-ils possibles ?

Le retour de la limitation

Chaque époque finit par découvrir ses propres limites :

•la physique découvre les limites de l'énergie,
•l'économie découvre la rareté des ressources,
•l'informatique découvre les limites de la complexité,
•l'IA découvre les limites de l'interprétabilité.

L'ère algorithmique découvre :
La limite de la prédiction complète.

La dédramatisation du futur

Quand l'ésotérisme algorithmique disparaît, il ne reste pas un champ vide.
Mais une compréhension plus sobre :

L'avenir n'est pas écrit par un pouvoir caché.
Il naît de :

- interactions,
- décisions,
- systèmes,
- boucles de rétroaction,
- hasard.

Non moins complexe.
Mais moins mystique.

Observation conclusive

« Au-delà de l'ésotérisme algorithmique » ne signifie pas la fin des systèmes.
C'est la fin de leur glorification mythique.

Le monde reste :

- rapide,
- interconnecté,
- piloté par les données,

•façonné algorithmiquement.

Mais il devient plus compréhensible dès que l’on cesse de le traiter comme un secret.

La véritable idée de ce livre est donc :
L’avenir n’est pas caché.
Il est distribué.

ÉPILOGUE – Les esprits que nous avons convoqués

Ce qui reste quand les systèmes nous dépassent – et que nous les avons pourtant construits

« L'être humain crée des outils pour ordonner le monde. Et à un moment donné, il découvre qu'il est lui-même devenu une partie de l'ordre. »

La dernière ombre du récit

Toute grande époque technologique laisse une trace similaire :
D'abord, un outil apparaît.
Puis une infrastructure.
Puis un système.
Puis une dépendance.
Et à un moment donné, la question silencieuse :
Avons-nous encore le contrôle – ou cela fonctionne-t-il sans nous depuis longtemps ?

Les chapitres précédents de ce livre ont déployé ce développement :

- des marchés qui pensent,
- aux modèles qui décident,
- aux systèmes qui génèrent des règles.

Mais dans l'épilogue, la perspective change.
Ce ne sont plus les systèmes qui sont au centre.
Mais la relation entre l'être humain et le système.

La métaphore des esprits

L'expression « les esprits que nou avons convoqués » n'est pas un avertissement au sens moral.
C'est la description d'une dynamique typique :
Les êtres humains créent des processus qui deviennent plus grands que leur intention initiale.

- le feu qui devait donner de la chaleur devient industrie,
- l'argent qui devait faciliter l'échange devient un système mondial,
- les réseaux qui devaient améliorer la communication deviennent une infrastructure de pouvoir.

Et chacun de ces développements reste d'abord contrôlable.
Jusqu'à ce qu'il ne le soit plus.

Le moment de l'irréversibilité

Il n'y a pas de point clair où le contrôle est perdu.
Il y a plutôt des transitions :

- petites automatisations,
- puis passage à l'échelle,
- puis mise en réseau,
- puis accélération,
- puis dépendance.

Et à un moment donné, le système n'est plus « utilisé ».
Il est « présupposé ».
C'est le véritable point de basculement.

La nouvelle forme d'impuissance

L'idée classique de l'impuissance était simple :
On n'avait pas accès aux décisions.

La nouvelle forme est plus subtile :
On fait partie du système qui décide.

Les humains :

- entraînent les modèles,
- génèrent les données,
- utilisent les plateformes,
- réagissent aux signaux.

Et croient en même temps être à l'extérieur.
Mais l'extérieur n'existe presque plus.

Le cycle d'auto-renforcement

Les systèmes décrits dans ce livre suivent un schéma récurrent :

1. Des données sont générées
2. Des modèles sont entraînés
3. Des décisions sont prises
4. Le comportement est influencé
5. Le nouveau comportement génère de nouvelles données

Ce cycle n'est pas stable au sens statique.
Il est dynamiquement stable.
Il s'adapte constamment.
Et c'est précisément là sa force – et son opacité.

Le déplacement silencieux de la responsabilité

Dans les sociétés classiques, la responsabilité était localisée.
Un acteur prenait une décision.
Il pouvait être tenu pour responsable.

Dans les systèmes algorithmiques, la responsabilité est distribuée :

- développeurs,
- opérateurs,
- utilisateurs,
- fournisseurs de données,
- infrastructure,
- logique de marché.

Plus le système est complexe, plus la responsabilité est diffuse.
Non pas parce qu'elle disparaît.
Mais parce qu'elle se dissout.

La normalité de l'incompréhensible

L'un des changements les plus profonds du présent n'est pas technologique.
Mais culturel :

Les gens commencent à utiliser des systèmes qu'ils ne comprennent plus complètement.
Ce n'est plus un état d'urgence.
C'est le quotidien.

•smartphones,
•marchés financiers,
•systèmes d'IA,
•systèmes de recommandation,
•décisions automatisées.

Le monde fonctionne – même sans compréhension complète.

La nouvelle invisibilité

Le pouvoir antérieur était visible :

•bâtiments,
•institutions,
•personnes,
•symboles.

Le nouveau pouvoir est fonctionnel :

•algorithmes,
•interfaces,
•flux de données,

•modèles.

Il n’a pas de visage.
Pas de centre.
Pas d’adresse claire.

Et c’est précisément pourquoi il est souvent sous-estimé.

La question de la responsabilité humaine

Malgré toute l’automatisation, un fait demeure :
Chacun de ces systèmes a été créé par des humains.
Non pas au sens du contrôle direct.
Mais au sens de la conception structurelle.

Les humains ont défini :

•les objectifs,
•les fonctions d’optimisation,
•les sources de données,
•les décisions architecturales.

Les esprits ne sont donc pas étrangers.
Ils sont générés par l’humain – et ensuite devenus autonomes.

L’ambivalence du progrès

Le progrès technologique n’est jamais univoque :
Il augmente simultanément :

- la liberté et la dépendance,
- l’efficacité et la fragilité,
- la connaissance et le dépassement,
- le contrôle et la complexité.

Les systèmes de ce livre ne sont pas une erreur.
Ils sont une conséquence.

Le retour de la question du sens

Quand les systèmes fonctionnent de manière de plus en plus autonome,
la question centrale se déplace :
Ce n’est plus seulement :
Comment cela fonctionne-t-il ?
Mais :
Pourquoi cela existe-t-il ?

Car un système peut fonctionner parfaitement
et être pourtant socialement problématique
si son objectif ne coïncide plus avec les valeurs humaines.

La dernière responsabilité

Au bout de toutes les structures algorithmiques, il reste une vérité simple et inconfortable :
Il n'y a pas de systèmes « externes ».
Seulement des systèmes que les humains ont construits – et continuent de construire.

Même si plus personne n'a la vue d'ensemble,
la responsabilité reste répartie entre ceux
qui continuent de changer l'architecture.

La possibilité de reconquête

L'histoire n'est pas linéaire.
Tout développement complexe contient aussi des contre-mouvements :

- régulation,
- initiatives de transparence,
- mouvements open source,
- contrôle démocratique,
- éducation technologique.

Ces forces ne sont pas romantiques.
Elles sont structurellement nécessaires.
Car toute civilisation stable a besoin de rétroaction avec son propre système.

Le véritable sens des « esprits »

Les esprits que nous avons convoqués ne sont pas des entités étrangères.
Ce sont :

- des processus accélérés,
- des décisions mises à l'échelle,
- des logiques automatisées,
- des systèmes en réseau.

Ils n'agissent pas contre nous.
Mais pas non plus automatiquement pour nous.
Ils suivent les objectifs que nous leur avons inscrits – souvent indirectement, souvent hérités de l'histoire, souvent inconsciemment.

Observation conclusive

L'épilogue de ce livre n'est pas une fin au sens classique.
C'est un retour.
À la question initiale :

Qui contrôle les forces invisibles qui donnent forme aux systèmes mondiaux ?

La réponse est moins dramatique que ne le suggèrent les métaphores – et en même temps plus exigeante :
Ce n'est pas une instance unique qui les contrôle.
Mais de nombreux niveaux de décisions qui se condensent en structures au fil du temps.

Le vrai défi ne réside donc pas dans la « victoire » sur ces systèmes.
Mais dans la compréhension, la mise en forme et la limitation de ce que nous avons nous-mêmes créé.

Les esprits que nous avons convoqués ne sont pas venus nous remplacer.
Ils sont venus nous montrer à quel point nous vivons déjà profondément à l'intérieur de nos propres systèmes.

Références aux Publications

L'Ère de l'IA

L'Ère de l'IA : Et Notre Avenir Humain est un essai de 2021 sur les implications sociétales et géopolitiques de l'intelligence artificielle, co-écrit par Henry A. Kissinger, Eric Schmidt et Daniel Huttenlocher. Il combine les perspectives de la politique étrangère, de l'industrie et du monde universitaire pour montrer comment l'IA transforme la manière dont la connaissance est créée et dont le pouvoir est organisé.

Faits Clés

Titre complet : L'Ère de l'IA : Et Notre Avenir Humain
Auteurs : Henry A. Kissinger, Eric Schmidt, Daniel Huttenlocher
Année de publication : 2021 (Little, Brown and Company)
Étendue : Environ 270–290 pages, selon l'édition

Thème principal : Comment l'IA redéfinit la connaissance, le pouvoir et l'ordre international

Contexte et Paternité

Le livre réunit trois parcours distincts : Kissinger en tant que diplomate et stratège chevronné, Schmidt en tant qu'ancien PDG de Google et Huttenlocher en tant qu'informaticien et leader académique. Leur collaboration est née d'une préoccupation commune selon laquelle l'essor de l'IA transforme les affaires humaines aussi profondément que l'imprimerie ou la révolution scientifique – mais plus rapidement et avec moins de compréhension publique.

Thèmes Centraux et Arguments

Le livre soutient que les systèmes d'IA ne se contentent pas de traiter des informations ; ils génèrent des modèles, des prédictions et des stratégies novateurs que les humains pourraient ne pas être en mesure de retracer ou d'expliquer complètement. Cela sape les idées traditionnelles de causalité, d'expertise et de responsabilité. Les auteurs explorent comment ce changement pourrait affecter la diplomatie, la stratégie militaire, la concurrence économique et la politique intérieure, et appellent à de nouveaux cadres conceptuels et institutions pour gérer le pouvoir de l'IA.

Style, Structure et Réception

Le texte est essayistique et réflexif plutôt que technique, destiné aux décideurs politiques et aux lecteurs généraux plutôt qu'aux ingénieurs. Les critiques notent qu'il offre une feuille de route large et des métaphores puissantes, mais peut manquer de détails techniques et de rigueur empirique ; certains critiques soutiennent qu'il contribue au "battage médiatique autour de l'IA" en soulignant son pouvoir transformateur sans toujours délimiter soigneusement les limites actuelles.

Place dans le Discours sur l'IA
L'Ère de l'IA se situe aux côtés d'autres grandes œuvres sur l'IA et la société, influençant les débats sur la gouvernance de l'IA, la sécurité nationale et l'éthique. Les auteurs ont étendu leurs arguments dans des tribunes et des discussions politiques, présentant l'IA comme une technologie stratégique qui exige un engagement public, académique et gouvernemental soutenu.

Architectes de l'Intelligence

Architectes de l'Intelligence : La Vérité sur l'IA de Ceux Qui la Construisent est un essai de 2018 du futurologue et auteur Martin Ford. Il présente des entretiens approfondis avec 23 figures de proue de l'intelligence artificielle sur l'avenir de l'IA, sa trajectoire technique et ses implications sociales, économiques et éthiques.

Faits Clés
Auteur : Martin Ford
Année de publication : 2018
Éditeur : Packt Publishing
Format : Essai basé sur des entretiens, environ 550 pages
Sujet : Avenir de l'intelligence artificielle et son impact sur le travail, l'économie et la société

Contenu et Structure
Le livre est organisé comme une série d'entretiens individuels approfondis avec des chercheurs et

entrepreneurs de premier plan dans le domaine de l'IA. Parmi les personnes interrogées figurent des personnalités telles que Demis Hassabis, Geoffrey Hinton, Yann LeCun, Yoshua Bengio, Fei-Fei Li, Nick Bostrom, Andrew Ng et d'autres.

Chaque chapitre se concentre sur la perspective d'un expert, couvrant des sujets tels que l'apprentissage profond, l'apprentissage par renforcement, la robotique et les perspectives de l'intelligence générale artificielle (AGI). Les conversations explorent à la fois les orientations techniques et des questions plus larges sur les calendriers, les opportunités et les risques systémiques.

Thèmes et Focalisation

Un thème central est la manière dont l'IA transformera les marchés du travail et l'économie mondiale. Ford aborde à plusieurs reprises des questions telles que le chômage technologique, l'inégalité et les réponses politiques possibles, y compris les filets de sécurité sociale et les nouveaux modèles économiques. Les personnes interrogées sont souvent en désaccord sur les calendriers et la gravité des perturbations, offrant un éventail d'opinions d'experts plutôt qu'une seule prévision.

Un autre axe majeur est la sécurité et l'éthique de l'IA : les problèmes d'alignement, les armes autonomes, les biais dans les systèmes d'apprentissage automatique et la gouvernance des technologies d'IA puissantes. Plusieurs entretiens envisagent des voies vers une IA de niveau humain ou surhumain et débattent de savoir si ces avancées sont proches, lointaines ou même souhaitables.

Réception et Signification
Architectes de l'Intelligence a été signalé comme fournissant un "instantané" de l'opinion de l'élite de l'IA pendant le boom de l'apprentissage profond de la fin des années 2010. Les commentateurs l'ont souligné comme une ressource utile pour comprendre comment les praticiens de premier plan eux-mêmes pensent à l'impact, aux calendriers et aux incertitudes dans le développement de l'IA.

Pouvoir et Surveillance

L'Ère du Capitalisme de Surveillance

L'Ère du Capitalisme de Surveillance : La Lutte pour un Avenir Humain à la Nouvelle Frontière du Pouvoir est un essai de 2019 de la chercheuse Shoshana Zuboff. Il examine comment les grandes entreprises technologiques exploitent les données personnelles pour façonner le comportement et générer des profits. L'œuvre a été largement discutée pour son analyse critique du capitalisme numérique et de ses conséquences sociales.

Faits Clés
Autrice : Shoshana Zuboff
Publication : 2019 (PublicAffairs)
Genre : Essai, technologie, économie politique
Focalisation principale : Utilisation corporative des données personnelles pour la prédiction comportementale
Étendue : Environ 700 pages

Concept et Argument
Zuboff introduit le terme capitalisme de surveillance pour décrire un système économique dans lequel des entreprises comme Google, Facebook et autres revendiquent l'expérience humaine privée comme matière première pour l'extraction de données. Ces données sont transformées en produits prédictifs vendus aux annonceurs et à d'autres entités cherchant à prévoir et à influencer le comportement des utilisateurs. Zuboff soutient que cette dynamique marque une nouvelle phase du capitalisme qui menace l'autonomie et la démocratie.

Contexte Historique
Le livre situe le capitalisme de surveillance dans le sillage de la commercialisation d'Internet à ses débuts et de l'essor des modèles d'entreprise basés sur les données dans les années 2000. Il retrace une lignée du contrôle du capitalisme industriel sur la nature au contrôle du capitalisme numérique sur le comportement humain. Zuboff oppose cette nouvelle forme de pouvoir aux notions antérieures de capitalisme informationnel qui étaient plus participatives et transparentes.

Réception et Influence
L'Ère du Capitalisme de Surveillance a reçu des éloges critiques pour sa profondeur et son ampleur, souvent comparée aux critiques sociales classiques du capitalisme industriel. Elle a influencé les débats sur la politique technologique, le droit à la vie privée et l'éthique numérique, suscitant une nouvelle discussion sur les droits des données et la régulation des plateformes. Les critiques notent son style dense mais la reconnaissent comme un texte fondamental pour comprendre les structures de pouvoir numérique contemporaines.

Capitalisme de Plateformes
Capitalisme de Plateformes est un livre de 2016 de l'économiste politique Nick Srnicek. Il analyse comment les plateformes numériques – comme celles gérées par Google, Amazon et Uber – remodèlent le capitalisme en créant de nouvelles formes d'extraction de valeur et de domination du marché par le contrôle des données et les effets de réseau.

Faits Clés
Auteur : Nick Srnicek
Publication : 2016
Éditeur : Polity Press
Genre : Économie politique, études technologiques

Focalisation principale : Logique économique des plateformes numériques

Contexte et Arrière-plan

Le livre se situe dans les débats sur le capitalisme post-industriel et l'essor de l'économie numérique. Srnicek soutient qu'après la crise financière de 2008, les entreprises ont cherché de nouveaux modèles de profit, conduisant à l'expansion de structures d'entreprise basées sur les données connues sous le nom de plateformes. Ce changement représente une nouvelle étape du développement capitaliste plutôt qu'une rupture avec celui-ci.

Arguments Centraux

Srnicek classe les plateformes en catégories – plateformes publicitaires, cloud, industrielles, de produits et légères – pour expliquer comment chacune extrait et monétise les données. Il soutient que ces entreprises bénéficient d'effets de réseau, conduisant à des résultats de marché monopolistiques ou oligopolistiques. Les données deviennent la marchandise centrale, permettant des analyses prédictives et des services ciblés qui renforcent le pouvoir des entreprises.

Réception et Influence

Le livre a été largement discuté dans les cercles académiques et politiques pour avoir fourni un cadre théorique clair pour comprendre des entreprises comme Facebook et Uber. Les chercheurs en travail numérique, en études critiques de la technologie et en économie politique l'utilisent souvent comme texte fondamental pour décrire le "capitalisme de plateformes" comme une forme économique distincte.

Héritage et Pertinence
Capitalisme de Plateformes reste influent dans les discussions sur la régulation numérique, la surveillance et l'automatisation. Il continue d'informer les analyses sur la manière dont les infrastructures technologiques façonnent le travail, l'inégalité et la concurrence mondiale au XXIe siècle.

Systèmes Financiers

Flash Boys

Flash Boys : Une Révolte à Wall Street est un essai de Michael Lewis, publié en 2014. Il enquête sur l'essor du trading à haute fréquence (HFT) sur les marchés boursiers américains et soutient que la technologie avancée a permis à certaines entreprises d'obtenir des avantages déloyaux. L'œuvre est devenue un best-seller pour son exposition accessible de la structure moderne du marché.

Faits Clés
Auteur : Michael Lewis
Publication : 2014
Éditeur : W. W. Norton & Company
Sujet : Trading à haute fréquence et équité du marché
Genre : Essai financier d'investigation

Contexte et Arrière-plan

Michael Lewis, connu pour des œuvres comme The Big Short et Moneyball, a tourné son attention vers la transformation technologique des marchés financiers après la crise de 2008. Flash Boys retrace comment les échanges fragmentés, les câbles à fibre optique et les stratégies algorithmiques ont altéré le trading d'actions et érodé la confiance des investisseurs dans la transparence du marché.

Synopsis

Le récit se concentre sur Brad Katsuyama, un trader de la Royal Bank of Canada, qui découvre que ses ordres sont systématiquement désavantagés par des traders plus rapides. Lui et son équipe découvrent comment des millisecondes de latence permettent aux entreprises de HFT de "prendre de l'avance" sur les transactions. Leur réponse est la création de l'Investors Exchange (IEX), conçue pour neutraliser les avantages de vitesse grâce à un "ralentisseur" qui retarde les ordres de microsecondes.

Impact et Réception

Le livre a relancé le débat sur l'équité du marché et le rôle de la technologie dans la finance. Il a suscité des audiences au Congrès et un examen réglementaire des pratiques de HFT. Les critiques de la communauté des traders ont soutenu que Lewis a exagéré les dommages, tandis que les partisans ont loué la clarté du livre dans l'exposition de systèmes opaques. Il a atteint le sommet de la liste des best-sellers du New York Times et a influencé la perception publique de la finance moderne.

Héritage
Flash Boys reste un texte clé dans les discussions sur l'éthique financière, la conception des marchés et le trading algorithmique. Il a contribué à élever Katsuyama et IEX comme défenseurs de la réforme et a consolidé la réputation de Lewis en tant que chroniqueur de premier plan du changement systémique dans des industries complexes.

Dark Pools

Dark Pools : L'Ascension des Traders Automatisés et la Manipulation du Marché Boursier Américain est un essai de 2012 du journaliste financier Scott Patterson. Il enquête sur l'évolution du trading à haute fréquence et algorithmique et leur impact sur les marchés financiers modernes. Le livre a attiré l'attention pour son récit détaillé sur la façon dont la technologie a remodelé l'infrastructure commerciale de Wall Street.

Faits Clés
Auteur : Scott Patterson
Publication : 2012
Genre : Essai, finance
Éditeur : Crown Business
Sujet: Trading à haute fréquence et structure du marché

Contexte et Prémisse
Patterson, reporter du Wall Street Journal, retrace l'histoire du trading électronique de ses premiers

développements dans les années 1990 jusqu'aux années 2000. Il explore comment un petit groupe de programmeurs et d'analystes quantitatifs a construit des systèmes algorithmiques qui ont commencé à dominer les volumes de trading. Le titre du livre fait référence aux "dark pools", des échanges privés ou des forums pour négocier des titres en dehors des marchés publics.

Contenu et Thèmes

Dark Pools examine les conséquences technologiques et éthiques du passage du trading humain au trading automatisé. Il détaille comment les traders à haute fréquence ont exploité les avantages des millisecondes et comment les lieux de négociation opaques ont fragmenté la transparence du marché. Patterson présente cela à la fois comme une histoire d'innovation et comme un récit d'avertissement sur le risque systémique et l'équité dans les marchés financiers.

Réception et Influence

Le livre a été salué pour avoir rendu accessibles des systèmes financiers complexes aux lecteurs généraux tout en maintenant une rigueur journalistique. Les critiques l'ont comparé à Flash Boys de Michael Lewis, paru plus tard et explorant un territoire similaire. Dark Pools a influencé les débats publics et réglementaires sur la structure du marché et reste un point de référence dans les discussions sur l'automatisation financière et l'éthique.

Systèmes Sociaux

Systèmes Sociaux est un livre de 1984 du sociologue allemand Niklas Luhmann. C'est l'une de ses œuvres les plus influentes, esquissant une théorie générale des systèmes sociaux qui a façonné la sociologie de la fin du XXe siècle. Le livre présente une réinterprétation radicale de la société à travers la théorie des systèmes et la cybernétique, mettant l'accent sur la communication plutôt que sur l'action comme cœur de la vie sociale.

Faits Clés

Auteur : Niklas Luhmann
Publication originale : 1984 (Suhrkamp Verlag, Francfort-sur-le-Main)
Langue : Allemand
Traduction anglaise : Social Systems (1995, traduit par John Bednarz Jr. et Dirk Baecker)
Discipline : Sociologie / Théorie des systèmes

Contexte Théorique

Luhmann a développé Systèmes Sociaux dans le cadre de son projet plus large d'appliquer la théorie des systèmes autopoïétiques, originairement dérivée de la biologie, au monde social. Il s'est appuyé sur les idées de Talcott Parsons, Humberto Maturana et Francisco Varela pour décrire la société comme un réseau autoproducteur de communications, distinct des individus ou des systèmes psychologiques.

Concepts Centraux

Le livre soutient que les systèmes sociaux sont autopoïétiques – ils se reproduisent eux-mêmes par la communication. La communication, non la conscience individuelle ou l'action, est l'unité d'analyse. Luhmann définit plusieurs sous-systèmes (ex. droit, politique, économie) qui fonctionnent via leurs propres codes binaires et maintiennent une fermeture opérationnelle tout en étant cognitivement ouverts à leur environnement.

Influence et Réception

Systèmes Sociaux a marqué un tournant dans la théorie des systèmes et la sociologie européenne, influençant des domaines tels que la théorie des organisations, les études juridiques et la théorie des médias. Bien que souvent considéré comme difficile et abstrait, il a positionné Luhmann comme une figure majeure de la théorie sociale contemporaine et a contribué au développement de la cybernétique de second ordre.

Héritage

Les idées de Systèmes Sociaux ont été poursuivies dans les œuvres ultérieures de Luhmann, notamment Die Gesellschaft der Gesellschaft (1997). Sa traduction anglaise a élargi son impact international, intégrant la théorie des systèmes dans les débats sociologiques et philosophiques au-delà du monde germanophone.

L'Éthique Protestante et l'Esprit du Capitalisme

L'Éthique Protestante et l'Esprit du Capitalisme est une œuvre sociologique de Max Weber, publiée pour la première fois en 1904–1905. Elle examine comment les valeurs religieuses protestantes – en particulier celles du calvinisme – ont contribué à façonner les conditions culturelles qui ont favorisé l'essor du capitalisme moderne en Europe occidentale.

Faits Clés

Auteur : Max Weber
Première publication : 1904–1905 (révisée en 1920)
Langue : Allemand
Sujet : Sociologie, économie, religion
Thème central : Lien entre éthique protestante et esprit capitaliste

Contexte et Objectif

Weber a écrit le livre dans le cadre d'une enquête plus large sur la relation entre religion et comportement économique. Il a contesté les explications purement matérialistes du capitalisme, soutenant que les facteurs culturels et spirituels jouaient également un rôle décisif. Son analyse s'appuyait sur des travaux antérieurs en sociologie et en économie mais introduisait un accent distinctif sur la motivation morale.

Argument Principal

Weber a proposé que des aspects du protestantisme – en particulier l'idée calviniste de la "vocation" et la croyance en la prédestination – encourageaient un travail discipliné et rationnel et le réinvestissement des bénéfices plutôt que la consommation ostentatoire. Au fil du temps, cet ethos a favorisé un "esprit" propice à l'entreprise capitaliste et à l'organisation bureaucratique, même après que ses origines religieuses se soient estompées.

Influence et Réception

L'œuvre est un texte fondateur en sociologie de la religion et en sociologie économique. Elle a influencé des penseurs ultérieurs comme Talcott Parsons et a façonné les débats sur la modernisation et la sécularisation. Bien que certains historiens aient remis en question les affirmations causales de Weber, son concept de l'"éthique protestante" reste un outil analytique clé pour comprendre les racines culturelles du capitalisme occidental.

Héritage

Aujourd'hui, L'Éthique Protestante et l'Esprit du Capitalisme continue d'informer les études en sociologie, économie et histoire culturelle. Elle illustre le projet plus large de Weber d'analyser la rationalisation de la société occidentale et les tensions entre progrès économique et signification spirituelle.

La Question de la Technique

La Question de la Technique est un essai de 1954 du philosophe allemand Martin Heidegger. Il examine l'essence de la technologie moderne au-delà de son usage instrumental, soutenant que la technologie façonne la manière dont les humains révèlent et se rapportent au monde. L'essai reste l'une des œuvres les plus influentes et les plus étudiées de Heidegger dans la philosophie du XXe siècle.

Faits Clés
Auteur : Martin Heidegger
Première publication : 1954 (conférence donnée en 1953)
Langue originale : Allemand
Concept central : Gestell ("dispositif" ou "structure d'arraisonnement")
Recueilli dans : Vorträge und Aufsätze (1954)

Contexte Philosophique
Heidegger a développé cet essai au cours de sa période tardive, lorsqu'il s'est déplacé de l'analyse existentielle vers les questions de l'Être (Sein). S'appuyant sur des travaux antérieurs comme Être et Temps, il a cherché à explorer comment la pensée technologique révèle – ou cache – l'essence de l'Être. L'essai faisait partie d'une série de conférences reliant métaphysique, art et modernité.

Argument Central
Heidegger distingue la technologie comme outil (instrumental) et comme mode de révélation (ontologique). La technologie moderne, affirme-t-il, "arraisonne" (Gestell) le monde, l'ordonnant comme un "fonds disponible" (Bestand) de ressources exploitables. Cet arraisonnement cache d'autres manières de révéler la vérité, mettant ainsi en danger une relation plus poétique ou contemplative à l'Être.

Influence et Interprétation
La Question de la Technique a profondément influencé la philosophie continentale, les études des sciences et technologies et la pensée environnementale. Des penseurs comme Jacques Ellul, Herbert Marcuse et les phénoménologues ultérieurs ont développé ou critiqué la vision de Heidegger. L'essai continue de façonner les débats sur le déterminisme technologique, l'éthique et la responsabilité écologique.

Héritage
Aujourd'hui, La Question de la Technique est un texte fondateur en philosophie de la technologie et en études des médias. Son vocabulaire – en particulier Gestell et Bestand – est devenu standard pour analyser comment la technologie structure la perception, la culture et le pouvoir dans le monde moderne.